中国語への旅立ち
― 基礎からの出発 ―

王　振宇

李　小捷

朝日出版社

音声ダウンロード

 音声再生アプリ「リスニング・トレーナー」(無料)

朝日出版社開発のアプリ、「リスニング・トレーナー (リストレ)」を使えば、教科書の音声をスマホ、タブレットに簡単にダウンロードできます。どうぞご活用ください。

まずは「リストレ」アプリをダウンロード

▶ App Store はこちら

▶ Google Play はこちら

アプリ [リスニング・トレーナー] の使い方

❶ アプリを開き、「コンテンツを追加」をタップ

❷ QRコードをカメラで読み込む

❸ QRコードが読み取れない場合は、画面上部に 45387 を入力し「Done」をタップします

QRコードは㈱デンソーウェーブの登録商標です

Webストリーミング音声

http://text.asahipress.com/free/ch/245387

はじめに

　本書は入門から初級段階まで必要とされる中国語の基礎知識を学ぶための教科書です。語彙と文法要点はすべて中国語検定試験準4級、4級に準拠し、精選されたものです。各課の構成と内容には次のような特色があります。

　ウォーミングアップ　各課の冒頭ページには、7〜10個の単語とイラストが提示されており、発音練習などの導入活動に利用できます。さらに、これらの単語は各課の文法要点に関連しているため、作文練習などにも活用可能です。

　会話文　本書では主人公の山本さんと同級生李華さんの、中国での大学生活を一貫したストーリーで描きます。万里の長城、四川料理、端午の節句、春節といった魅力的な伝統文化をテーマにしたエピソードのほか、WeChatの利用やネットショッピングといった新しいトピックも取り上げています。このように、伝統と現代の両方の観点から中国文化を探求する機会を提供しています。

　要点　各課では、文法を中心に3つの項目を要点に挙げています。文法項目は中国語検定試験のガイドラインに沿って厳選したものです。初級レベルで習得するべき重要な文法項目をピックアップし、なるべく簡潔な説明でポイントをおさえています。中国語の文法を無理なくマスターしていきましょう。

　練習問題　学習内容の定着をサポートするために2種類の練習問題が用意されています。一つは、各課の練習問題で、ピンインの読み取り、選択問題、並べ替え問題といった形式で新出単語と文法要点を反復練習します。もう一つは巻末の「確認テスト問題集」です。各課の学習内容を小テスト形式で確認し、自身の習得度をより詳細に把握することができます。授業の補完材料や復習にもお使いいただけます。

　読み物　本書の主要な部分は会話文で構成されていますが、各課の終わりには「読み物」のコーナーも設けられています。この部分では三人称の文章を用いて、その課の重要なポイントを再整理します。時間的に余裕があれば、授業中に読んでもいいですし、自習時間に翻訳などの課題としてチャレンジしてもよろしいでしょう。

　以上の特色を活かし、学習者の皆様が中国語の基礎を確実に、そして楽しく身につけることができるよう、心から願っております。

　本書の出版に際して、朝日出版社の中西陸夫氏、宇都宮佳子氏に大変お世話になりました。ここに厚く御礼申し上げます。

著　者

■■ 目 次 ■■

はじめての中国語

漢語

中国は中華人民共和国の通称で、約 14 億の人口で 56 の民族が暮らしている国です。その中で、漢民族は最も多く総人口の約 92％を占めています。漢民族の言葉は漢語（Hànyǔ）とよばれます。

普通話

中国は 960 万 Km^2 の陸地面積（日本の約 26 倍）を有します。行政区画は 23 の省、5 つの自治区、4 つの直轄市、2 つの特別行政区に分けられます。とても広い国であるため、中国語には多くの方言があります。方言同士では通じ合わないほど大きく異なる場合もあります。私たちがこれから学ぶ中国語は北京語の発音を基準に定められた共通語、普通話（pǔtōnghuà）です。

簡体字

中国の大陸では簡体字（jiǎntǐzì）という簡略化された漢字を使っています。簡体字には、日本の漢字とまったく同じものもあれば、まったく異なるものもあります。台湾や香港などの地域では旧字体の繁体字を使っています。

簡体字	日本の漢字	繁体字
学	学	學
电	電	電
气	気	氣
盐	塩	鹽

拼音（ピンイン）

漢字だけでは発音がわかりませんので、拼音（pīnyīn）と呼ばれるアルファベットを使って漢字の発音を表します。ピンインのルールについては「発音の基本」の部分で学びましょう。

文法の特徴

文法について、日本語と最も大きく異なるのは「主語＋動詞＋目的語」という語順です。また、動詞の人称、数などに伴う表現の変化はありません。例えば、

彼はギョーザを食べる。⇒　他　　吃　　　饺子。
　　　　　　　　　　　　　　彼　　食べる　ギョーザ

1 中国地図で次の市、省、自治区、特別行政区の位置を確認しなさい。

① 北京市 —— 首都、直轄市の一つ

② 上海市 —— 最大の経済都市、直轄市の一つ

③ 四川省 —— 四川料理が有名、パンダのふるさと

④ 西安市 —— 古都、昔の長安

⑤ 西藏自治区 —— チベット、「世界の屋根」と呼ばれる高原地帯

⑥ 香港特別行政区 —— ホンコン、1997年に中国返還

2 食偏や言偏などの書き方に気をつけながら、次の簡体字の練習をしなさい。

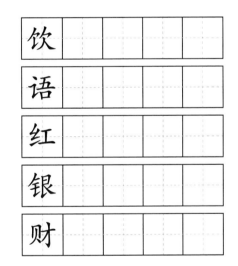

| 饺 | | | | | 饮 | | | | |

| 请 | | | | | 语 | | | | |

| 给 | | | | | 红 | | | | |

| 针 | | | | | 银 | | | | |

| 贝 | | | | | 财 | | | | |

あいさつ言葉
01

你好!	Nǐhǎo!	こんにちは。
你们好!	Nǐmen hǎo!	みなさん、こんにちは。
老师好!	Lǎoshī hǎo!	先生、こんにちは。
谢谢!	Xièxie!	ありがとう。
不客气!	Bú kèqi!	どういたしまして。
对不起!	Duìbuqǐ!	すみません。
没关系!	Méi guānxi!	かまいません。
再见!	Zàijiàn!	さようなら。

発音の基本

1 声調

中国語は1つ1つの音節に声調(せいちょう)があります。声調は音の「高い、低い、上げ、下げ」などの特徴を表すものです。第一声(だいいっせい)、第二声(だいにせい)、第三声(だいさんせい)、第四声(だいよんせい)とよばれる4つのパターンがあり、順番に声調記号 ‐ 、 ˊ 、 ˇ 、 ˋ で表されます。また、弱くなった軽声(けいせい)もあります。

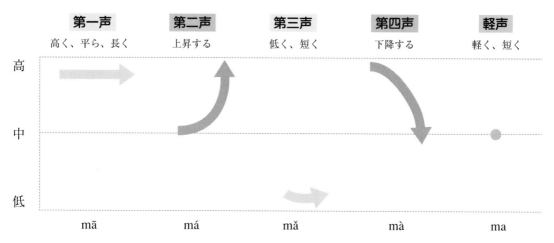

第一声	第二声	第三声	第四声	軽声
高く、平ら、長く	上昇する	低く、短く	下降する	軽く、短く
mā	má	mǎ	mà	ma

子音と母音が全く同じであっても、声調が違えば、意味(漢字)も違ってきます。

 mā(妈・媽)　　 má(麻)　　mǎ(马・馬)　　 mà(骂・罵)

 練習 1　発音の違いに注意して練習しなさい。

(1) mā – má　　　　(2) mā – mǎ　　　　(3) mā - mà

(4) má – mǎ　　　　(5) má – mà　　　　(6) mǎ - mà

 練習 2　発音を聞いて声調記号をつけなさい。

(1) ma　　　　　　(2) ma　　　　　　(3) ma

(4) ma　　　　　　(5) ma　　　　　　(6) ma

ポイント 第三声が続く場合、前の第三声を第二声に変えて発音します。声調記号はそのまま
にします。

第三声 ＋ 第三声 ⇒ 第二声 ＋ 第三声

你好! Nǐ hǎo!

2 単母音 🔊 05

a	口を大きく開けて発音する
o	日本語のオよりはっきり発音する
e	口角を横に引いて、エの口の形でオを言う
i	口角を横に引いてはっきり発音する
u	口を丸く突き出して発音する
ü	uの口の形でiを言う
er	舌先をそらせて発音する

練習 3 発音の違いに注意して練習しなさい。 🔊 06

(1) ā á ǎ à (2) ō ó ǒ ò (3) ē é ě è

(4) ī í ǐ ì (5) ū ú ǔ ù (6) ǖ ǘ ǚ ǜ (7) ēr ér ěr èr

練習 4 発音を聞いてピンインを書きなさい。 🔊 07

(1) (2) (3) (4) (5) (6) (7) (8)

3 子音 🔊 08

	無気音	有気音		
	b (o)	p (o)	m (o)	f (o)
	d (e)	t (e)	n (e)	l (e)
	g (e)	k (e)	h (e)	
	j (i)	q (i)	x (i)	
そり舌音	zh (i)	ch (i)	sh (i)	r (i)
	z (i)	c (i)	s (i)	

ポイント ① 母音をつけて練習しましょう。（ ）の中の母音は一例です。

② 「無気音」は息を抑えて発音しますが、「有気音」は息を強く出す音です。

③ そり舌音 zh、ch、sh、r の発音は舌先を上の歯茎より少し奥のところにそらしたまま発音します。

④ zh、ch、sh、r、z、c、s の後ろの i は単母音 i のように発音しません。

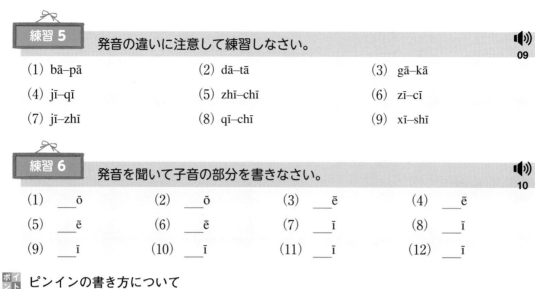

練習 5　発音の違いに注意して練習しなさい。　🔊 09

(1) bā–pā
(2) dā–tā
(3) gā–kā
(4) jī–qī
(5) zhī–chī
(6) zī–cī
(7) jī–zhī
(8) qī–chī
(9) xī–shī

練習 6　発音を聞いて子音の部分を書きなさい。　🔊 10

(1) ___ō
(2) ___ō
(3) ___ē
(4) ___ē
(5) ___ē
(6) ___ē
(7) ___ī
(8) ___ī
(9) ___ī
(10) ___ī
(11) ___ī
(12) ___ī

ポイント ピンインの書き方について

① i、u、ü は前に子音がない場合、それぞれ yi、wu、yu と書きます。
② ü は j、q、x の後ろに置かれる場合、上の点を取って ju、qu、xu と書きます。

4　複合母音　🔊 11

ai	ei	ao	ou	
ia	ie	ua	uo	üe
(ya)	(ye)	(wa)	(wo)	(yue)
iao	iou	uai	uei	
(yao)	(you)	(wai)	(wei)	

ポイント
① 前に子音がない場合、（ ）の中のように書きます。
② iou、uei は子音に続く場合、それぞれ iu、ui と書きます。たとえば、x + iou → xiu、d + uei → dui。

練習 7　発音の違いに注意して練習しなさい。　🔊 12

(1) dào–dòu
(2) gǒu–guǒ
(3) yè–yuè
(4) wài–wèi
(5) huài–huì
(6) jiù–zhòu

練習 8　発音練習をしなさい。　🔊 13

(1) kāfēi 咖啡
(2) xuéxiào 学校
(3) wàiguó 外国
(4) liùyuè 六月
(5) yōuxiù 优秀
(6) báicài 白菜

5 鼻音母音

🔊 14

中国語の鼻音はnで終わるものとngで終わるものの2種類があります。

an	en	ian (yan)	in (yin)	uan (wan)	uen (wen)	üan (yuan)	ün (yun)
ang	eng	iang (yang)	ing (ying)	uang (wang)	ueng (weng)	ong	iong (yong)

ポイント ① nは舌先を上の歯茎に押しつけながら「ん」を言うときの音です。一方、ngは舌先をどこにもつけない状態で、「ん」を言うときの音です。ngのgは両者を区別するためのものであり、発音しません。

② uenは子音に続く場合、unと書きます。たとえば、d + uen → dun。

練習 9 発音の違いに注意して練習しなさい。 🔊 15

(1) dān–dāng   (2) yán–yáng   (3) yǎn–yuǎn

(4) xiān–xiāng   (5) yuán-yún   (6) wán–wáng

練習 10 発音練習をしなさい。 🔊 16

(1) Hànyǔ 汉语   (2) lāmiàn 拉面   (3) biàndāng 便当

(4) xīnnián 新年   (5) yínháng 银行   (6) gōngyuán 公园

ポイント 声調のつけ方について

① 声調は母音の上につけます。

② a ＞ o, e ＞ i, u の優先順位でつけます。たとえば、āo、ài、iá、ōu、èi、iě など。

③ iu、ui は後のほうにつけます。たとえば、xiù、duì など。

④ i につける場合、上の点を取ってつけます。

数字の言い方 🔊 17

零／〇 (líng)	一 (yī)	二 (èr)	三 (sān)	四 (sì)	五 (wǔ)
	六 (liù)	七 (qī)	八 (bā)	九 (jiǔ)	十 (shí)

今日の日付

＿＿＿^{nián}年＿＿＿^{yuè}月＿＿＿^{hào}号

（大学などの）電話番号

＿＿＿＿＿＿＿＿＿＿＿

＊…号 …hào ～日

登 場 人 物

山本 翔　Shānběn Xiáng

北京留学中

大学 2 年生

李 华（華）　Lǐ Huá

山本翔さんのクラスメート

四川省出身

本編

第一课 我 是 日本人。

ウォーミングアップ
18

1 中国人
Zhōngguórén

2 日本人
Rìběnrén

3 韩国人
Hánguórén

4 美国人
Měiguórén

5 老师
lǎoshī

6 学生
xuésheng

7 留学生
liúxuéshēng

中国の大学で留学中の山本さんとクラスメート李華さんの会話です。 🔊
19

李华 : 你 好！ 你 叫 什么 名字？
Lǐ Huá　　Nǐ hǎo!　Nǐ jiào shénme míngzi?

山本 : 我 叫 山本 翔。我 是 日本人。
Shānběn　Wǒ jiào Shānběn Xiáng.　Wǒ shì Rìběnrén.

李华 : 我 姓 李，叫 李 华。
　　　　Wǒ xìng Lǐ,　jiào Lǐ Huá.

山本 : 你 是 中国 学生 吗？
　　　　Nǐ shì Zhōngguó xuésheng ma?

李华 : 对。我 是 中国 学生。
　　　　Duì.　Wǒ shì Zhōngguó xuésheng.

山本 : 请 多 关照！
　　　　Qǐng duō guānzhào!

李华 : 请 多 关照！
　　　　Qǐng duō guānzhào!

🔊
20

□ 我	wǒ	わたし		□ 姓	xìng	姓は〜である
□ 是	shì	〜である		□ 中国	Zhōngguó	中国
□ 日本	Rìběn	日本		□ 学生	xuésheng	学生
□ 人	rén	〜人、人		□ 吗	ma	〜か
□ 李华	Lǐ Huá	李華（人名）		□ 对	duì	そのとおりだ
□ 山本翔	Shānběn Xiáng	山本翔（人名）		□ 请多关照	qǐng duō guānzhào	
□ 你	nǐ	あなた				よろしくお願いします
□ 好	hǎo	よい		●●●●●● 要点 ●●●●●●		
□ 叫	jiào	（名前は）〜という		□ 不	bù	〜ない、いいえ
□ 什么	shénme	何、どんな		□ 贵姓	guìxìng	お名前
□ 名字	míngzi	名前				

1 人称代名詞

🔊 21

	わたし	あなた	彼	彼女
単数	我 wǒ	你 nǐ 您 nín（敬語）	他 tā	她 tā
複数	わたしたち 我们 wǒmen	あなたたち 你们 nǐmen	彼ら 他们 tāmen	彼女ら 她们 tāmen

2 動詞 "是"（～である）

🔊 22

A ＋ 是 ＋ B（AはBである）

肯定文　他 是 中国人 。
　　　　Tā　shì　Zhōngguórén.

否定文　他 不 是 中国人 。
　　　　Tā　bú　shì　Zhōngguórén.

疑問文　他 是 中国人 吗?
　　　　Tā　shì　Zhōngguórén　ma?

ポイント
① 否定文は "是" の前に "不 bù" を使います。
② 肯定文の文末に "吗 ma" をつけると疑問文になります。

3 名前の言い方と聞き方

🔊
23

言い方	聞き方

我 姓 山本 。
Wǒ xìng Shānběn.

您 贵姓？　（丁寧な聞き方）
Nín guìxìng?

我 叫 山本 翔。
Wǒ jiào Shānběn Xiáng.

你 叫 什么 名字？
Nǐ jiào shénme míngzi?

◆ "不 bù" の声調変化について ◆

"不 bù" はふつう第四声ですが、後ろに第四声が続く場合、第二声 "bú" になります。

bú shì
不 是（〜ではない）

bú kèqi
不 客气（どういたしまして）

1 次のピンインを簡体字に直し、さらに日本語に訳しなさい。

1. Qǐng duō guānzhào.

   _____（　　　　　　　　　　　　　　　）

2. Wǒ bú shì Zhōngguórén.

   _____（　　　　　　　　　　　　　　　）

3. Nǐ shì Rìběnrén ma?

   _____（　　　　　　　　　　　　　　　）

2 適切な単語を（　　）に入れなさい。

［　　姓　　　貴姓　　　叫　　　是　　　不是　　］
　　　xìng　　guìxìng　　jiào　　shì　　bú shì

1. 她（　　　　）李。　　　　　　　　　Tā（　　　　　）Lǐ.

2. 她（　　　　）李华。　　　　　　　 Tā（　　　　　）Lǐ Huá.

3. 您（　　　　）？　　　　　　　　　　Nín（　　　　　）?

4. 山本翔（　　　　）日本学生。　　　 Shānběn Xiáng（　　　　）Rìběn xuésheng.

5. 山本翔（　　　　）中国学生。　　　 Shānběn Xiáng（　　　　）Zhōngguó xuésheng.

3 日本語の意味になるように、単語を並べ替えなさい。

1. ［　貴　　您　　姓　］
　　　guì　　nín　　xìng

   _____（お名前は何とおっしゃいますか。）

2. ［　学生　　日本　　她　　是　］
　　　xuésheng　　Rìběn　　tā　　shì

   _____（彼女は日本人学生です。）

3. ［　中国人　　吗　　他们　　是　］
　　　Zhōngguórén　　ma　　tāmen　　shì

   _____（彼らは中国人ですか。）

4. ［　名字　　叫　　你　　什么　］
　　　míngzi　　jiào　　nǐ　　shénme

   _____（お名前は何と言いますか。）

16

読み物

🔊 **24**

她　姓　李，叫　李　华。李　华　是　中国人。她　是　中国
Tā　xìng Lǐ,　jiào　Lǐ　Huá.　Lǐ　Huá　shì　Zhōngguórén.　Tā　shì　Zhōngguó

学生。李　华　学　日语。
xuésheng.　Lǐ　Huá　xué　Rìyǔ.

他　姓　山本，叫　山本　翔。山本　翔　不　是　中国人。
Tā　xìng Shānběn,　jiào　Shānběn Xiáng.　Shānběn Xiáng　bú　shì　Zhōngguórén.

他　是　日本　留学生。山本　翔　学　汉语。
Tā　shì　Rìběn　liúxuéshēng.　Shānběn Xiáng　xué　Hànyǔ.

単語 学 xué 学ぶ / 日语 Rìyǔ 日本語 / 留学生 liúxuéshēng 留学生 / 汉语 Hànyǔ 中国語

第二课

Dì èr kè

你 去 哪儿？

Nǐ qù nǎr?

ウォーミングアップ 🔊 25

1 学校
xuéxiào

2 教室
jiàoshì

3 食堂
shítáng

4 图书馆
túshūguǎn

5 便利店
biànlìdiàn

6 餐厅
cāntīng

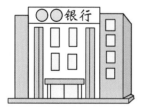

7 银行
yínháng

8 邮局
yóujú

9 医院
yīyuàn

昼休み、山本さんと李華さんの会話です。 🔊
26

山本：　**你 去 哪儿？**
Shānběn　Nǐ　qù　nǎr?

李华：　**我 去 食堂。你 也 去 吗？**
Lǐ Huá　Wǒ　qù　shítáng.　Nǐ　yě　qù　ma?

山本：　**我 也 去。**
　　　　Wǒ　yě　qù.

李华：　**你 吃 什么？**
　　　　Nǐ　chī　shénme?

山本：　**我 吃 拉面，你 呢？**
　　　　Wǒ　chī　lāmiàn,　nǐ　ne?

李华：　**我 吃 炒饭 和 饺子。**
　　　　Wǒ　chī　chǎofàn　hé　jiǎozi.

山本：　**我 喝 咖啡，你 也 喝 吗？**
　　　　Wǒ　hē　kāfēi,　nǐ　yě　hē　ma?

李华：　**我 不 喝 咖啡。我 喝 绿茶。**
　　　　Wǒ　bù　hē　kāfēi.　Wǒ　hē　lǜchá.

🔊 **27**

去	qù	行く
哪儿	nǎr	どこ
食堂	shítáng	食堂
也	yě	も
吃	chī	食べる
拉面	lāmiàn	ラーメン
呢	ne	〜は？
炒饭	chǎofàn	チャーハン
和	hé	と
饺子	jiǎozi	餃子
喝	hē	飲む

咖啡	kāfēi	コーヒー
绿茶	lǜchá	緑茶

●●●●●●●●● 要点 ●●●●●●●●●

学校	xuéxiào	学校
买	mǎi	買う
苹果	píngguǒ	りんご、アップル
手机	shǒujī	携帯電話、スマホ
来	lái	来る
老师	lǎoshī	先生
图书馆	túshūguǎn	図書館
教室	jiàoshì	教室

要 点

1　疑問詞疑問文

🔊 28

疑問詞の場所は、回答文におけるたずねたい部分に置きます。

A:　他 去 哪儿?
　　Tā　qù　nǎr?

B:　他 去 学校。
　　Tā　qù　xuéxiào.

A:　你 吃 什么?
　　Nǐ　chī　shénme?

B:　我 吃 拉面。
　　Wǒ　chī　lāmiàn.

A:　你 买 什么 手机?
　　Nǐ　mǎi　shénme　shǒujī?

B:　我 买 苹果 手机。
　　Wǒ　mǎi　píngguǒ　shǒujī.

ポイント 疑問詞疑問文の文末には "吗ma" をつけません。

2　副詞 "也"（も）

🔊 29

主語 ＋ 副詞 ＋ 動詞（＋目的語）

我 来 学校, 他 也 来。
Wǒ　lái　xuéxiào,　tā　yě　lái.

我 喝 绿茶, 你 也 喝 吗?
Wǒ　hē　lǜchá,　nǐ　yě　hē　ma?

ポイント "也" と "不bù"（～ない）を一緒に使う場合、"也不" の順番になります。

他 不 去 食堂, 我 也 不 去。
Tā　bú　qù　shítáng,　wǒ　yě　bú　qù.

我 不 是 老师, 她 也 不 是。
Wǒ　bú　shì　lǎoshī,　tā　yě　bú　shì.

3　省略疑問文

30

"呢 ne" は「～は?」の意味を表し、疑問文の述語の部分をはぶく役割です。

A: 他 是 中国 学生，你 呢?
　　Tā　shì　Zhōngguó xuésheng,　nǐ　ne?

B: 我 是 日本 学生。
　　Wǒ　shì　Rìběn　xuésheng.

A: 我 去 图书馆，你 呢?
　　Wǒ　qù　túshūguǎn,　nǐ　ne?

B: 我 去 教室。
　　Wǒ　qù　jiàoshì.

◆ rで終わる音節の発音 ◆

一部の音節はrで終わります。rは舌をそらせて発音し、漢字「儿」で表されます。
なお、rの前のn、iは発音しません。

nǎr	huār	wánr	xiǎoháir
哪儿 (どこ)	花儿 (お花)	玩儿 (遊ぶ)	小孩儿 (こども)

1 次のピンインを簡体字に直し、さらに日本語に訳しなさい。

1. Shānběn qù shítáng, Lǐ Huá ne?

   _____（　　　　　　　　　　　　　　　　　）

2. Wǒ bù hē lùchá, wǒ hē kāfēi.

   _____（　　　　　　　　　　　　　　　　　）

3. Wǒ qù túshūguǎn, nǐ yě qù ma?

   _____（　　　　　　　　　　　　　　　　　）

2 適切な単語を（　　）に入れなさい。

［　也　　　不　　　哪儿　　　什么　　　呢　］
　　 yě　　 bù　　　nǎr　　　shénme　　 ne

1. 我去教室，你去（　　　　）?　　　　　　　Wǒ qù jiàoshì, nǐ qù (　　　　)?

2. 我不吃饺子，他（　　　　）不吃饺子。　Wǒ bù chī jiǎozi, tā (　　　　) bù chī jiǎozi.

3. 他是中国学生，你（　　　　）?　　　　　Tā shì Zhōngguó xuésheng, nǐ (　　　　)?

4. 李华（　　　　）是日本人，她是中国人。　Lǐ Huá (　　　) shì Rìběnrén, tā shì Zhōngguórén.

5. 我吃拉面，你吃（　　　　）?　　　　　　Wǒ chī lāmiàn, nǐ chī (　　　　)?

3 日本語の意味になるように、単語を並べ替えなさい。

1. ［也　吗　你　炒饭　吃］
　　 yě　ma　nǐ　chǎofàn　chī

   _____（あなたもチャーハンを食べますか。）

2. ［她　饺子　吃　和　拉面］
　　 tā　jiǎozi　chī　hé　lāmiàn

   _____（彼女はラーメンと餃子を食べます。）

3. ［喝　也　老师　咖啡　不］
　　 hē　yě　lǎoshī　kāfēi　bù

   _____（先生もコーヒーを飲みません。）

4. ［去　我　呢　学校　你］
　　 qù　wǒ　ne　xuéxiào　nǐ

   _____（私は学校に行きます。あなたは？）

読み物

李　华　去　食堂，　山本　也　去　食堂。他们　一起　吃
Lǐ　Huá　qù　shítáng,　Shānběn　yě　qù　shítáng.　Tāmen　yìqǐ　chī

饭。　山本　吃　拉面。　李　华　吃　炒饭　和　饺子。　山本　喜欢
fàn.　Shānběn　chī　lāmiàn.　Lǐ　Huá　chī　chǎofàn　hé　jiǎozi.　Shānběn　xǐhuan

咖啡，　他　喝　咖啡。　李　华　不　喜欢　咖啡，　她　喝　绿茶。
kāfēi,　tā　hē　kāfēi.　Lǐ　Huá　bù　xǐhuan　kāfēi,　tā　hē　lùchá.

単語 一起 yìqǐ 一緒に / 饭 fàn ご飯 / 喜欢 xǐhuan ～が好きである

第三课 这 是 什么?

Dì sān kè Zhè shì shénme?

ウォーミングアップ 🔊 32

1 书
shū

2 词典
cídiǎn

3 杂志
zázhì

4 笔记本
bǐjìběn

5 电脑
diànnǎo

6 笔
bǐ

7 眼镜
yǎnjìng

8 手表
shǒubiǎo

9 书包
shūbāo

24

山本さんと李華さんの教室での会話です。　🔊 33

山本：　这 是 什么？
Shānběn　Zhè shì shénme?

李华：　这 是 中国 的 小说，《西游记》。
Lǐ Huá　Zhè shì Zhōngguó de xiǎoshuō, «Xīyóujì».

山本：　这 是 谁 的 书？
　　　　Zhè shì shéi de shū?

李华：　是 我 的。
　　　　Shì wǒ de.

山本：　《西游记》好看 吗？
　　　　«Xīyóujì» hǎokàn ma?

李华：　《西游记》很 好看。
　　　　«Xīyóujì» hěn hǎokàn.

山本：　我 也 想 看。
　　　　Wǒ yě xiǎng kàn.

李华：　好 啊。
　　　　Hǎo a.

🔊 34

□ 这	zhè	これ	□ 看	kàn	読む、見る
□ 小说	xiǎoshuō	小説	□ 好啊	hǎo a	いいよ
□ 西游记	Xīyóujì	西遊記	●●●●●●●● 要点 ●●●●●●●●		
□ 谁	shéi/shuí	だれ	□ 要	yào	要る、ほしい
□ 的	de	の	□ 好吃	hǎochī	（食べ物が）おいしい
□ 书	shū	本	□ 好喝	hǎohē	（飲み物が）おいしい
□ 好看	hǎokàn	面白い、美しい	□ 学	xué	学ぶ
□ 很	hěn	とても	□ 汉语	Hànyǔ	中国語
□ 想	xiǎng	〜したい			

要 点

1 指示代名詞

🔊
35

これ	それ・あれ	どれ
这 zhè 这个 zhèige/zhège	那 nà 那个 nèige/nàge	哪 nǎ 哪个 něige/nǎge

A: 这 是 什么?
　　Zhè　shì　shénme?

A: 你 要 哪个?
　　Nǐ　yào　něige?

B: 这 是 书。
　　Zhè　shì　shū.

B: 我 要 这个。
　　Wǒ　yào　zhèige.

ポイント 動詞の後では"这、那、哪"ではなく、"这个、那个、哪个"を使います。

2 形容詞文

🔊
36

肯定文　拉面 很 好吃。
　　　　Lāmiàn　hěn　hǎochī.

　　　　　　　　咖啡 很 好喝。
　　　　　　　　Kāfēi　hěn　hǎohē.

否定文　拉面 不 好吃。
　　　　Lāmiàn　bù　hǎochī.

　　　　　　　　咖啡 不 好喝。
　　　　　　　　Kāfēi　bù　hǎohē.

疑問文　拉面 好吃 吗?
　　　　Lāmiàn　hǎochī　ma?

　　　　　　　　咖啡 好喝 吗?
　　　　　　　　Kāfēi　hǎohē　ma?

ポイント 肯定文では形容詞の前に副詞が必要です。否定は形容詞の前に"不 bù"を使います。

3　助動詞"想"（〜したい）

🔊
37

主語 ＋ 想 ＋ 動詞 ＋ 目的語

肯定文	我 想 学 汉语。 Wǒ xiǎng xué Hànyǔ.	我 很 想 学 汉语。 Wǒ hěn xiǎng xué Hànyǔ.
否定文	我 不 想 学 汉语。 Wǒ bù xiǎng xué Hànyǔ.	
疑問文	你 想 学 汉语 吗？ Nǐ xiǎng xué Hànyǔ ma?	你 想 学 什么？ Nǐ xiǎng xué shénme?

ポイント "想"の前に"很"、"不"、"也"などの副詞をつけることもできます。

◆ "的 de"が省略できる場合 ◆

以下のような場合では"的 de"がよく省略されます。

❶ 修飾成分と被修飾成分が家族関係、人間関係、所属関係である場合

我妈妈（wǒ māma）私の母	我们老师（wǒmen lǎoshī）私たちの先生
你家（nǐ jiā）あなたの家	她们学校（tāmen xuéxiào）彼女たちの学校

❷ 熟語化している場合

日本茶（Rìběn chá）日本茶	中国学生（Zhōngguó xuésheng）中国の学生
苹果汁（píngguǒzhī）りんごジュース	汉语词典（Hànyǔ cídiǎn）中国語の辞書

1 次のピンインを簡体字に直し、さらに日本語に訳しなさい。

1. Zhè shì shéi de shū?

   _____ (   )

2. Wǒ yào zhèige, nǐ yào něige?

   _____ (   )

3. Wǒ hěn xiǎng kàn «Xīyóujì».

   _____ (   )

2 適切な単語を（　）に入れなさい。

[这　　很　　哪个　　好看　　好喝]
　zhè　　hěn　　něige　　hǎokàn　　hǎohē

1. （　　　　） 是什么?　　　　　　　（　　　　　　　） shì shéme?

2. 炒饭 （　　　　） 好吃。　　　　　Chǎofàn （　　　　　　） hǎochī.

3. 咖啡 （　　　　） 吗?　　　　　　Kāfēi （　　　　　　） ma?

4. 饺子和拉面, （　　　　） 好吃?　　Jiǎozi hé lāmiàn, （　　　　　　） hǎochī?

5. 《西游记》很 （　　　　）。　　　«Xīyóujì» hěn （　　　　　　）.

3 日本語の意味になるように、単語を並べ替えなさい。

1. [想　　什么　　你　　吃]
　　xiǎng　shénme　nǐ　chī

   _____ （あなたは何を食べたいですか。）

2. [书　　你　　吗　　看　　想]
　　shū　nǐ　ma　kàn　xiǎng

   _____ （あなたは本を読みたいですか。）

3. [的　　好看　　中国　　小说　　很]
　　de　hǎokàn　Zhōngguó　xiǎoshuō　hěn

   _____ （中国の小説はとても面白いです。）

4. [喝　　我　　想　　也　　绿茶]
　　hē　wǒ　xiǎng　yě　lǜchá

   _____ （私も緑茶を飲みたいです。）

28

読み物

这 是 李 华 的 书。这 是 中国 的 小说，叫
Zhè shì Lǐ Huá de shū. Zhè shì Zhōngguó de xiǎoshuō, jiào

《西游记》。《西游记》 很 好看， 也 很 有名。山本 也 想
«Xīyóujì». «Xīyóujì» hěn hǎokàn, yě hěn yǒumíng. Shānběn yě xiǎng

看 中国 的 小说。他 想 看《西游记》。他 喜欢 孙悟空。
kàn Zhōngguó de xiǎoshuō. Tā xiǎng kàn «Xīyóujì». Tā xǐhuan Sūn Wùkōng.

単語　有名 yǒumíng 有名である / 孙悟空 Sūn Wùkōng 孫悟空

第四课
Dì sì kè

四川 菜 很 好吃。
Sìchuān cài hěn hǎochī.

ウォーミングアップ 🔊 39

1 中国 菜
Zhōngguó cài

2 麻婆豆腐
mápó dòufu

3 回锅肉
huíguōròu

4 干烧虾仁
gānshāo xiārén

5 青椒肉丝
qīngjiāo ròusī

6 大闸蟹
dàzháxiè

7 北京烤鸭
Běijīng kǎoyā

8 水饺
shuǐjiǎo

9 馄饨
húntun

10 烧卖
shāomài

山本さんと李華さんが出身地について話しています。　🔊 **40**

李华：　你 老家 在 东京 吗?
Lǐ Huá　Nǐ　lǎojiā　zài　Dōngjīng　ma?

山本：　对。你 是 北京人 吧?
Shānběn　Duì.　Nǐ　shì　Běijīngrén　ba?

李华：　不，我 老家 在 四川。
Bù,　wǒ　lǎojiā　zài　Sìchuān.

山本：　四川 菜 很 好吃。
Sìchuān　cài　hěn　hǎochī.

李华：　四川 的 大熊猫 也 非常 有名。
Sìchuān　de　dàxióngmāo　yě　fēicháng　yǒumíng.

山本：　真 想 去 四川 玩儿。
Zhēn　xiǎng　qù　Sìchuān　wánr.

李华：　寒假 一起 去 吧。
Hánjià　yìqǐ　qù　ba.

山本：　太 好 了!
Tài　hǎo　le!

🔊 **41**

☐ 四川	Sìchuān	四川		☐ 玩儿	wánr	遊ぶ
☐ 菜	cài	料理		☐ 寒假	hánjià	冬休み
☐ 老家	lǎojiā	実家、ふるさと		☐ 一起	yìqǐ	一緒に
☐ 在	zài	ある、いる		☐ 太…了	tài…le	すごく
☐ 东京	Dōngjīng	東京		●●●●●●●●● 要点 ●●●●●●●●●
☐ 北京	Běijīng	北京		☐ 家	jiā	家
☐ 吧	ba	～でしょう、～しましょう		☐ 桌子	zhuōzi	机、テーブル
☐ 大熊猫	dàxióngmāo	ジャイアントパンダ		☐ …上	…shang	～の上、表面
☐ 非常	fēicháng	非常に		☐ 饭	fàn	ご飯
☐ 有名	yǒumíng	有名である		☐ 上课	shàngkè	授業を受ける
☐ 真	zhēn	本当に		☐ 回	huí	帰る

1 動詞"在"（いる、ある）

🔊 **42**

人・物 ＋ 在 ＋ 場所名詞

肯定文　我 在 家。
　　　　Wǒ zài jiā.

　　　　书 在 桌子上。
　　　　Shū zài zhuōzishang.

否定文　我 不 在 家。
　　　　Wǒ bú zài jiā.

　　　　书 不 在 桌子上。
　　　　Shū bú zài zhuōzishang.

疑問文　你 在 家 吗?
　　　　Nǐ zài jiā ma?

　　　　书 在 桌子上 吗?
　　　　Shū zài zhuōzishang ma?

　　　　你 在 哪儿?
　　　　Nǐ zài nǎr?

　　　　书 在 哪儿?
　　　　Shū zài nǎr?

2 連動文

🔊 **43**

連動文は２つの動作が順次に起こることを表す文です。動詞は動作の起こる順に並べられます。

我 去 吃 饭。
Wǒ qù chī fàn.

他 来 上课。
Tā lái shàngkè.

我 去 食堂 吃 饭。
Wǒ qù shítáng chī fàn.

他 来 学校 上课。
Tā lái xuéxiào shàngkè.

A: 你 去 哪儿 玩儿?
　　Nǐ qù nǎr wánr?

B: 我 去 北京 玩儿。
　　Wǒ qù Běijīng wánr.

3 文末助詞"吧"

🔊
44

～でしょう。

你 是 中国人 吧?
Nǐ shì Zhōngguórén ba?

他 在 家 吧?
Tā zài jiā ba?

～しましょう。

一起 吃 拉面 吧。
Yìqǐ chī lāmiàn ba.

我们 回 家 吧。
Wǒmen huí jiā ba.

◆ "一" の声調変化 ◆

"一 yī" は本来第一声ですが、後ろに第一・二・三声が続く場合は第四声"yì"になります。また、第四声が続く場合は第二声"yí"になります。ただし、序数の場合は変化しません。

yìbēi	yìnián	yìqǐ	yíwàn	yīyuè
一杯（1杯）	一年（1年間）	一起（一緒に）	一万（1万）	一月（1月）

1 次のピンインを簡体字に直し、さらに日本語に訳しなさい。

1. Wǒ lǎojiā zài Dōngjīng.

　　　　　　　　　　　　　　　　（　　　　　　　　　　　　　　）

2. Nǐ xiǎng qù Zhōngguó wánr ma?

　　　　　　　　　　　　　　　　（　　　　　　　　　　　　　　）

3. Wǒmen yìqǐ qù chī chǎofàn ba.

　　　　　　　　　　　　　　　　（　　　　　　　　　　　　　　）

2 適切な単語を（　）に入れなさい。

[　在　　吧　　非常　　太　　一起　]
　　zài　　ba　　fēicháng　　tài　　yìqǐ

1. 四川的大熊猫（　　　　）有名。　　Sìchuān de dàxióngmāo (　　　　) yǒumíng.

2. 我们（　　　　）去教室吧。　　Wǒmen (　　　　) qù jiàoshì ba.

3. 李华老家不（　　　　）北京。　　Lǐ Huá lǎojiā bú (　　　　) Běijīng.

4. 食堂的拉面（　　　　）好吃了！　　Shítáng de lāmiàn (　　　　) hǎochī le!

5. 你是日本学生（　　　　）？　　Nǐ shì Rìběn xuésheng (　　　　)?

3 日本語の意味になるように、単語を並べ替えなさい。

1. [　桌子上　　在　　书　　不　]
　　zhuōzishang　zài　shū　bú

　　　　　　　　　　　　　　　　（本は机の上にありません。）

2. [　家　　哪儿　　你　　在　]
　　jiā　nǎr　nǐ　zài

　　　　　　　　　　　　　　　　（お家はどこですか。）

3. [　想　　玩儿　　中国　　她　　去　]
　　xiǎng　wánr　Zhōngguó　tā　qù

　　　　　　　　　　　　　　　　（彼女は中国へ遊びに行きたがっています。）

4. [　饭　　我们　　食堂　　吃　　吧　　去　]
　　fàn　wǒmen　shítáng　chī　ba　qù

　　　　　　　　　　　　　　　　（私たちは食堂へご飯を食べに行きましょう。）

読み物

🔊
45

山本 的 老家 在 东京。李 华 的 老家 不 在 北京，
Shānběn de lǎojiā zài Dōngjīng. Lǐ Huá de lǎojiā bú zài Běijīng,

她 是 四川人。四川 很 大， 四川 菜 非常 好吃。四川
tā shì Sìchuānrén. Sìchuān hěn dà, Sìchuān cài fēicháng hǎochī. Sìchuān

的 大熊猫 也 很 可爱。山本 想 去 四川 玩儿。李 华
de dàxióngmāo yě hěn kě'ài. Shānběn xiǎng qù Sìchuān wánr. Lǐ Huá

约 他 寒假 一起 去。
yuē tā hánjià yìqǐ qù.

単語 大 dà 広い / 可爱 kě'ài かわいい / 约 yuē 誘う

第五课
Dì wǔ kè
我们 几点 出发？
Wǒmen jǐdiǎn chūfā?

 ウォーミングアップ

46

1 起床
qǐchuáng

2 吃 早饭
chī zǎofàn

3 去 学校
qù xuéxiào

4 上课
shàngkè

5 吃 午饭
chī wǔfàn

6 回 家
huí jiā

7 吃 晚饭
chī wǎnfàn

8 洗澡
xǐzǎo

9 睡觉
shuìjiào

李さんと山本さんが食事の約束をしています。 🔊 47

李华 　**你 周末 有 事儿 吗？**
Lǐ Huá 　Nǐ zhōumò yǒu shìr ma?

山本 　**我 星期六 打工，星期天 没有 事儿。**
Shānběn 　Wǒ xīngqīliù dǎgōng, xīngqītiān méiyou shìr.

李华 　**那，星期天 晚上 去 吃 四川 菜 吧。**
　Nà, xīngqītiān wǎnshang qù chī Sìchuān cài ba.

山本 　**好 啊。我们 几点 出发？**
　Hǎo a. Wǒmen jǐdiǎn chūfā?

李华 　**五点 出发，好 吗？**
　Wǔdiǎn chūfā, hǎo ma?

山本 　**行。我们 怎么 联系？**
　Xíng. Wǒmen zěnme liánxì?

李华 　**用 微信 联系 吧。你 有 微信 吗？**
　Yòng Wēixìn liánxì ba. Nǐ yǒu Wēixìn ma?

山本 　**我 还 没有 微信。**
　Wǒ hái méiyou Wēixìn.
🔊 48

□ 几	jǐ	いくつ
□ …点	…diǎn	〜時
□ 出发	chūfā	出発する
□ 周末	zhōumò	週末
□ 有	yǒu	持つ、ある、いる
□ 事儿	shìr	用事
□ 星期…	xīngqī…	〜曜日
□ 打工	dǎgōng	アルバイトする
□ 没(有)	méi(you)	持っていない、ない、いない
□ 那	nà	それでは
□ 晚上	wǎnshang	夜
□ 行	xíng	よろしい

□ 怎么	zěnme	どのように
□ 联系	liánxì	連絡する
□ 用	yòng	使う
□ 微信	Wēixìn	WeChat
□ 还	hái	まだ

●●●●●●●●●● 要点 ●●●●●●●●●●

□ …里	…li	〜の中
□ 今天	jīntiān	今日
□ 现在	xiànzài	いま、現在
□ 每天	měitiān	毎日
□ 坐	zuò	座る、乗る
□ 电车	diànchē	電車

1　動詞"有"（持っている、ある、いる）
49

| 主語（人）＋ 有 ＋ 目的語 | 主語（場所）＋ 有 ＋ 目的語 |

肯定文　我 有 手机。
Wǒ yǒu shǒujī.

教室里 有 人。
Jiàoshìli yǒu rén.

否定文　我 没（有）手机。
Wǒ méi (you) shǒujī.

教室里 没（有）人。
Jiàoshìli méi (you) rén.

疑問文　你 有 手机 吗?
Nǐ yǒu shǒujī ma?

教室里 有 人 吗?
Jiàoshìli yǒu rén ma?

2　時間名詞
50

星期一	星期二	星期三	星期四	星期五	星期六	星期天	星期几
xīngqīyī	xīngqī'èr	xīngqīsān	xīngqīsì	xīngqīwǔ	xīngqīliù	xīngqītiān	xīngqī jǐ

一点	两点	三点	四点	五点	六点	七点	八点	九点	十点
yīdiǎn	liǎngdiǎn	sāndiǎn	sìdiǎn	wǔdiǎn	liùdiǎn	qīdiǎn	bādiǎn	jiǔdiǎn	shídiǎn

十一点	十二点	几点
shíyīdiǎn	shí'èrdiǎn	jǐdiǎn

8：10　八 点 十 分
bā diǎn shí fēn

9：08　九 点 八 分
jiǔ diǎn bā fēn

10：15　十 点 十五（分）/一 刻
shí diǎn shíwǔ (fēn) yí kè

11：30　十 一 点 三十（分）/半
shíyī diǎn sānshí (fēn) bàn

12：45　十 二 点 四十五（分）/三 刻
shí'èr diǎn sìshíwǔ (fēn) sān kè

2：40　两 点 四十（分）
liǎng diǎn sìshí (fēn)

ポイント　两点 liǎngdiǎn（2時）　一刻 yí kè（15分）　三刻 sān kè（45分）　半 bàn（30分）

主語 ＋ 時間名詞 ＋ 動詞（＋目的語）

我 七点 吃 饭。
Wǒ qīdiǎn chī fàn.

我 星期六 打工。
Wǒ xīngqīliù dǎgōng.

今天（是）几月 几号？
Jīntiān (shì) jǐyuè jǐhào?

今天（是）星期几？
Jīntiān (shì) xīngqī jǐ?

今天（是）七月 四号。
Jīntiān (shì) qīyuè sìhào.

今天（是）星期五。
Jīntiān (shì) xīngqī wǔ.

现在（是）几点？
Xiànzài (shì) jǐdiǎn?

现在（是）两点 一 刻。
Xiànzài (shì) liǎngdiǎn yí kè.

ポイント 日付、曜日、時刻などを表す文（否定文以外）では、動詞"是"を省略できます。

3 手段を表す表現

🔊 51

手段を表す表現は動詞の前に置きます。疑問詞は "怎么 zěnme"（どのように）です。

A: 我们 怎么 联系？
Wǒmen zěnme liánxì?

A: 你 每天 怎么 去 学校？
Nǐ měitiān zěnme qù xuéxiào?

B: 我们 用 微信 联系。
Wǒmen yòng Wēixìn liánxì.

B: 我 每天 坐 电车 去 学校。
Wǒ měitiān zuò diànchē qù xuéxiào.

1 次のピンインを簡体字に直し、さらに日本語に訳しなさい。

1. Nǐ měitiān dǎgōng ma?

   _____（   ）

2. Nǐmen jǐdiǎn chūfā?

   _____（   ）

3. Wǒ zhōumò méiyou shìr.

   _____（   ）

2 適切な単語を（　）に入れなさい。

[　什么　　怎么　　几　　在　　有　]
　shénme　　zěnme　　jǐ　　zài　　yǒu

1. 你每天（　　　　）来学校?　　　　　Nǐ měitiān（　　　　）lái xuéxiào?

2. 我们用（　　　　）联系?　　　　　Wǒmen yòng（　　　　）liánxì?

3. 今天星期（　　　　）?　　　　　Jīntiān xīngqī（　　　　）?

4. 桌子上（　　　　）书。　　　　　Zhuōzishang（　　　　）shū.

5. 我的书（　　　　）桌子上。　　　　Wǒ de shū（　　　　）zhuōzishang.

3 日本語の意味になるように、単語を並べ替えなさい。

1. [　饭　我　去　十二点　吃　]
   　fàn　wǒ　qù　shí'èrdiǎn　chī

   _____（私は十二時にご飯を食べに行きます。）

2. [　事儿　吗　有　你　星期天　]
   　shìr　ma　yǒu　nǐ　xīngqītiān

   _____（あなたは日曜日に用事がありますか。）

3. [　他　学校　电车　坐　去　]
   　tā　xuéxiào　diànchē　zuò　qù

   _____（彼は電車で学校に行きます。）

4. [　联系　和　山本　李华　怎么　]
   　liánxì　hé　Shānběn　Lǐ Huá　zěnme

   _____（山本さんと李華さんはどうやって連絡しますか。）

読み物

李 华 约 山本 去 吃 四川 菜。山本 星期六 打工,
Lǐ Huá yuē Shānběn qù chī Sìchuān cài. Shānběn xīngqīliù dǎgōng,

星期天 没有 事儿。所以 他们 星期天 去, 五点 出发。
xīngqītiān méiyou shìr. Suǒyǐ tāmen xīngqītiān qù, wǔdiǎn chūfā.

李 华 想 用 微信 联系 山本。但是, 山本 还 没有
Lǐ Huá xiǎng yòng Wēixìn liánxì Shānběn. Dànshì, Shānběn hái méiyou

微信。
Wēixìn.

単語 所以 suǒyǐ だから / 但是 dànshì しかし

第六课 你 会 用 微信 了 吗？
Dì liù kè　Nǐ huì yòng Wēixìn le ma?

 ウォーミングアップ
53

❶ 说 汉语
shuō Hànyǔ

❷ 开车
kāichē

❸ 做 饭
zuò fàn

❹ 打 网球
dǎ wǎngqiú

❺ 打 乒乓球
dǎ pīngpāngqiú

❻ 打 棒球
dǎ bàngqiú

❼ 踢 足球
tī zúqiú

❽ 游泳
yóuyǒng

❾ 弹 钢琴
tán gāngqín

42

山本さんと李華さんが WeChat でチャットしています。　🔊 **54**

山本, 你 会 用 微信 了 吗?
Shānběn, nǐ huì yòng Wēixìn le ma?

会 用 了。 谢谢!
Huì yòng le. Xièxie!

不 客气。
Bú kèqi.

我们 星期天 去 哪儿 吃 饭?
Wǒmen xīngqītiān qù nǎr chī fàn?

车站 附近 的 餐厅 都 不错。去 那儿 吃 吧。
Chēzhàn fùjìn de cāntīng dōu búcuò. Qù nàr chī ba.

行。 我们 在 哪儿 见面?
Xíng. Wǒmen zài nǎr jiànmiàn?

在 图书馆 门口 等, 怎么样?
Zài túshūguǎn ménkǒu děng, zěnmeyàng?

OK! 不见不散!
OK! Bújiàn-búsàn!

🔊 **55**

□ 会	huì	～できる		□ 门口	ménkǒu	入り口
□ 了	le	～になった		□ 等	děng	待つ
□ 车站	chēzhàn	駅		□ 怎么样	zěnmeyàng	どうだ
□ 附近	fùjìn	近く		□ 不见不散	bújiàn-búsàn	会うまで待つ
□ 餐厅	cāntīng	レストラン		●●●●●●●● 要点 ●●●●●●●●		
□ 都	dōu	すべて、どれも		□ 说	shuō	話す、言う
□ 不错	búcuò	よい		□ 英语	Yīngyǔ	英語
□ 那儿	nàr	そこ、あそこ(⇔这儿 zhèr ここ)		□ 一点儿	yìdiǎnr	少し（の）
□ 在	zài	～で		□ 已经	yǐjīng	もう、すでに
□ 见面	jiànmiàn	会う		□ 开车	kāichē	車を運転する

1 助動詞 "会"（～できる）

56

"会" は「(習得して要領やコツがよく分かって) できる」の意味を表します。

肯定文　我 会 说 英语。
Wǒ　huì　shuō　Yīngyǔ.

否定文　我 不 会 说 英语。
Wǒ　bú　huì　shuō　Yīngyǔ.

疑問文　A: 你 会 说 英语 吗?
Nǐ　huì　shuō　Yīngyǔ　ma?

B: 会 说 一点儿。
Huì　shuō　yìdiǎnr.

2 "了"（～になった、～になる）

57

"了" は文末に使われ、「～になった」、「～になる」という状況の変化を表します。

我 是 大学生 了。
Wǒ　shì　dàxuéshēng　le.

已经 七月 了。
Yǐjīng　qīyuè　le.

山本 会 开车 了。
Shānběn　huì　kāichē　le.

3 前置詞 "在"（～で）

58

主語 + 在 + 場所 + 動詞 + 目的語

肯定文 他 在 家 吃 饭。
Tā zài jiā chī fàn.

否定文 他 不 在 家 吃 饭。
Tā bú zài jiā chī fàn.

疑問文 他 在 家 吃 饭 吗?
Tā zài jiā chī fàn ma?

他 在 哪儿 吃 饭?
Tā zài nǎr chī fàn?

◆ WeChat 関連語 ◆

微信号（Wēixìn hào）WeChat の ID

加好友（jiā hǎoyǒu）友だち追加

朋友圈（péngyou quān）モーメント

通讯录（tōngxùnlù）友だちリスト

聊天（liáotiān）チャットする

群聊（qúnliáo）グループトーク

扫一扫（sǎoyisǎo）QR コードスキャン

二维码（èrwéi mǎ）QR コード

语音通话（yǔyīn tōnghuà）音声通話

视频通话（shìpín tōnghuà）ビデオ通話

1 次のピンインを簡体字に直し、さらに日本語に訳しなさい。

1. Tāmen zài túshūguǎn jiànmiàn.

　　_____（　　　　　　　　　　　　　　）

2. Chēzhàn fùjìn de cāntīng zěnmeyàng?

　　_____（　　　　　　　　　　　　　　）

3. Wǒ huì shuō Hànyǔ le.

　　_____（　　　　　　　　　　　　　　）

2 適切な単語を（　）に入れなさい。

［　会　　　在　　　了　　　都　　　怎么样　］
　　huì　　　zài　　　le　　　dōu　　　zěnmeyàng

1. 食堂的菜（　　　　）？　　　　　　Shítáng de cài（　　　　　）?

2. 我（　　　　）说一点儿英语。　　　Wǒ（　　　　　） shuō yìdiǎnr Yīngyǔ.

3. 我们（　　　　）是学生。　　　　　Wǒmen（　　　　　） shì xuésheng.

4. 晚上十点（　　　　），他还在学校。　Wǎnshang shídiǎn（　　　　）, tā hái zài xuéxiào.

5. 你（　　　　）哪儿学汉语?　　　　Nǐ（　　　　　） nǎr xué Hànyǔ?

3 日本語の意味になるように、単語を並べ替えなさい。

1. ［ 开车　会　我　不 ］
　　kāichē　huì　wǒ　bú

　　_____（私は車を運転することができません。）

2. ［ 吃　饺子　我　了　想 ］
　　chī　jiǎozi　wǒ　le　xiǎng

　　_____（私は餃子を食べたくなりました。）

3. ［ 你　用　会　吗　微信 ］
　　nǐ　yòng　huì　ma　Wēixìn

　　_____（あなたはWeChatを使うことができますか。）

4. ［ 等　门口　吧　我们　在 ］
　　děng　ménkǒu　ba　wǒmen　zài

　　_____（私たちは入り口で待ちましょう。）

読み物

🔊
59

山本 会 用 微信 了。他 用 微信 问 李 华, 星期天
Shānběn huì yòng Wēixìn le. Tā yòng Wēixìn wèn Lǐ Huá, xīngqītiān

去 哪儿 吃 饭。李 华 说, 车站 附近 的 餐厅 很 不错。
qù nǎr chī fàn. Lǐ Huá shuō, chēzhàn fùjìn de cāntīng hěn búcuò.

他们 约好 在 图书馆 门口 见面, 然后 一起 去
Tāmen yuēhǎo zài túshūguǎn ménkǒu jiànmiàn, ránhòu yìqǐ qù

餐厅。山本 喜欢 吃 川菜, 他 非常 期待。
cāntīng. Shānběn xǐhuan chī chuāncài, tā fēicháng qīdài.

単語 约好 yuēhǎo 約束した / 然后 ránhòu それから / 川菜 chuāncài 四川料理 / 期待 qīdài 期待する

第七课

Dì qī kè

我 很 喜欢 吃 辣。

Wǒ hěn xǐhuan chī là.

ウォーミングアップ 🔊 60

❶ 看 小说

kàn xiǎoshuō

❷ 看 电影

kàn diànyǐng

❸ 听 音乐

tīng yīnyuè

❹ 唱 歌

chàng gē

❺ 买 东西

mǎi dōngxi

❻ 旅游

lǚyóu

❼ 滑雪

huáxuě

❽ 爬 山

pá shān

❾ 照相

zhàoxiàng

48

李華さんと山本さんが四川料理店で料理を注文しています。

服务员：这 是 菜单，请 点 菜。
fúwùyuán　Zhè shì càidān,　qǐng diǎn cài.

李华：山本，你 先 点 吧。
Lǐ Huá　Shānběn,　nǐ xiān diǎn ba.

山本：先 来 一 瓶 啤酒、一 盘 回锅肉。
Shānběn　Xiān lái yì píng píjiǔ,　yì pán huíguōròu.

李华：这个 菜 也 来 一 盘。
Zhèige cài yě lái yì pán.

服务员：好。这个 菜 有点儿 辣。
Hǎo. Zhèige cài yǒudiǎnr là.

李华：山本，你 能 吃 辣 吗?
Shānběn,　nǐ néng chī là ma?

山本：我 很 喜欢 吃 辣。
Wǒ hěn xǐhuan chī là.

李华：那，来 两 盘 吧。
Nà,　lái liǎng pán ba.

□ 喜欢	xǐhuan	～が好きである
□ 辣	là	辛い
□ 服务员	fúwùyuán	レストランなどの店員
□ 菜单	càidān	メニュー
□ 请	qǐng	どうぞ
□ 点	diǎn	(料理を) 注文する
□ 先	xiān	まず
□ 来	lái	よこす (注文時)
□ 瓶	píng	～本 (瓶に入った物を数える)
□ 啤酒	píjiǔ	ビール
□ 盘	pán	～皿 (皿に入った物を数える)
□ 回锅肉	huíguōròu	ホイコーロー

□ 有点儿	yǒudiǎnr	ちょっと
□ 能	néng	～できる
□ 两	liǎng	2つの～、2人の～

●●●●●●●●●● 要点 ●●●●●●●●●●

□ 电脑	diànnǎo	パソコン
□ 忙	máng	忙しい
□ 饿	è	お腹がすく
□ 冷	lěng	寒い
□ 游	yóu	泳ぐ
□ 百	bǎi	百
□ 米	mǐ	メートル
□ 明天	míngtiān	あす

1 量詞 （助数詞）

63

数詞 + 量詞 + 名詞

一 杯 咖啡	两 本 书	三 个 人	四 台 电脑
yì bēi kāfēi	liǎng běn shū	sān ge rén	sì tái diànnǎo
1杯のコーヒー	2冊の本	3人	4台のパソコン
＊ 杯 bēi 〜杯	本 běn 〜冊	个 ge 〜人、〜個	台 tái 〜台
（コップなどに入った物を数える）	（書籍などを数える）	（広く人や物を数える）	（機械を数える）

ポイント 量詞の前の「2」は "二 èr" ではなく、"两 liǎng" になります。

来 两 杯 咖啡。　　　　　桌子上 有 两 本 书。
Lái liǎng bēi kāfēi.　　　Zhuōzishang yǒu liǎng běn shū.

指示代名詞 + 数詞 + 量詞 + 名詞

这 （一） 杯 咖啡　　　　　那 两 本 小说
zhèi (yì) bēi kāfēi　　　　nèi liǎng běn xiǎoshuō

这 三 台 电脑 是 学校 的。
Zhèi sān tái diànnǎo shì xuéxiào de.

ポイント 指示代名詞の後ろの数詞 "一" はよく省略されます。

2 "有点儿" (ちょっと)

64

有点儿 + 形容詞 (好ましくないことが多い)

他 有点儿 忙。
Tā　yǒudiǎnr　máng.

我 有点儿 饿。
Wǒ　yǒudiǎnr　è.

今天 有点儿 冷。
Jīntiān　yǒudiǎnr　lěng.

3 助動詞"能" (〜できる)

65

動詞の前において「(能力や条件が備わって) できる」の意味を表します。

我 能 游 五 百 米。
Wǒ néng yóu wǔ bǎi mǐ.

A: 你 明天 能 来 吗?
　　Nǐ míngtiān néng lái ma?

B: 我 明天 有 事儿, 不 能 来。
　　Wǒ míngtiān yǒu shìr, bù néng lái.

1 次のピンインを簡体字に直し、さらに日本語に訳しなさい。

1. Zhè shì càidān, qǐng diǎn cài.

   _____（   ）

2. Zhèige cài yě lái yì pán.

   _____（   ）

3. Wǒ hěn xǐhuan chī huíguōròu.

   _____（   ）

2 適切な単語を（　）に入れなさい。

[　能　　　本　　　喜欢　　　有点儿　　　瓶　]
　　néng　　běn　　xǐhuan　　yǒudiǎnr　　píng

1. 她（　　　　）饿，想去吃饭。　　　　　Tā（　　　　　　）è, xiǎng qù chī fàn.

2. 来一（　　　　）啤酒。　　　　　　　　Lái yì（　　　　　　）píjiǔ.

3. 他（　　　　）游八百米。　　　　　　　Tā（　　　　　　）yóu bābǎi mǐ.

4. 我很（　　　　）去图书馆看书。　　　　Wǒ hěn（　　　　　　）qù túshūguǎn kàn shū.

5. 我想买这（　　　　　）书。　　　　　　Wǒ xiǎng mǎi zhèi（　　　　　　）shū.

3 日本語の意味になるように、単語を並べ替えなさい。

1. [杯　先　咖啡　来　两]
　　bēi　xiān　kāfēi　lái　liǎng

   _____（まずコーヒーを2杯ください。）

2. [小说　喜欢　看　我　很]
　　xiǎoshuō　xǐhuan　kàn　wǒ　hěn

   _____（私は小説を読むのがとても好きです。）

3. [一个人　能　我　中国　不　去]
　　yí ge rén　néng　wǒ　Zhōngguó　bù　qù

   _____（私は一人で中国に行くことができません。）

4. [菜　有　八　桌子上　盘]
　　cài　yǒu　bā　zhuōzishang　pán

   _____（テーブルには料理が8皿あります。）

読み物

李 华 和 山本 一起 去 吃 饭。
Lǐ Huá hé Shānběn yìqǐ qù chī fàn.

这 是 一 家 四川 菜馆儿。李 华 常 来 这儿 吃。
Zhè shì yì jiā Sìchuān càiguǎnr. Lǐ Huá cháng lái zhèr chī.

菜单 的 汉语 有点儿 难。李 华 想 点 一 盘 麻婆茄子。
Càidān de Hànyǔ yǒudiǎnr nán. Lǐ Huá xiǎng diǎn yì pán mápó qiézi.

服务员 告诉 他们，这个 菜 有点儿 辣。山本 说，他
Fúwùyuán gàosu tāmen, zhèige cài yǒudiǎnr là. Shānběn shuō, tā

很 喜欢 吃 辣。所以 他们 点 两 盘。
hěn xǐhuan chī là. Suǒyǐ tāmen diǎn liǎng pán.

単語 家 jiā ～軒 / 菜馆儿 càiguǎnr レストラン / 常 cháng いつも / 麻婆茄子 mápó qiézi マーボーナス / 告诉 gàosu 告げる、伝える

我 还 没 吃过 中国 的 粽子。
Wǒ hái méi chīguo Zhōngguó de zòngzi.

 ウォーミングアップ
67

1 吃 小笼包
chī xiǎolóngbāo

2 去 北京
qù Běijīng

3 吃 北京 烤鸭
chī Běijīng kǎoyā

4 吃 粽子
chī zòngzi

5 吃 月饼
chī yuèbǐng

6 做 菜
zuò cài

7 包 饺子
bāo jiǎozi

8 用 微信
yòng Wēixìn

9 打工
dǎgōng

端午の節句、李華さんがちまきを買ってきました。　🔊 68

山本：　你 去 哪儿 了？
Shānběn　Nǐ　qù　nǎr　le?

李华：　我 去 买 粽子 了。来，吃 一个。
Lǐ Huá　Wǒ　qù　mǎi　zòngzi　le.　Lái,　chī　yí　ge.

山本：　谢谢。我 还 没 吃过 中国 的 粽子。
　　　　Xièxie.　Wǒ　hái　méi　chīguo　Zhōngguó　de　zòngzi.

李华：　日本 有 没有 端午节？
　　　　Rìběn　yǒu　méiyou　Duānwǔ Jié?

山本：　日本 也 有 端午节。
　　　　Rìběn　yě　yǒu　Duānwǔ Jié.

李华：　日本 的 粽子 跟 中国 的 一样 吗？
　　　　Rìběn　de　zòngzi　gēn　Zhōngguó　de　yíyàng　ma?

山本：　形状 不 太 一样。
　　　　Xíngzhuàng　bú　tài　yíyàng.

李华：　给，再 吃 一个 吧。
　　　　Gěi,　zài　chī　yí　ge　ba.

🔊 69

□ 没（有）	méi(you)	〜したことがない、〜しなかった
□ 过	guo	〜したことがある
□ 粽子	zòngzi	ちまき
□ 了	le	〜した
□ 来	lái	さあ
□ 端午节	Duānwǔ Jié	端午の節句
□ 跟	gēn	と
□ 一样	yíyàng	同じである
□ 形状	xíngzhuàng	形
□ 不太	bú tài	あまり〜ではない

| □ 给 | gěi | あげる、くれる |
| □ 再 | zài | さらに、また |

●●●●●●●● 要点 ●●●●●●●●●

□ 碗	wǎn	〜杯（碗に入ったものを数える）
□ 爸爸	bàba	お父さん
□ 张	zhāng	〜枚（切符、紙などを数える）
□ 票	piào	切符
□ 昨天	zuótiān	昨日
□ 次	cì	〜回
□ 高兴	gāoxìng	うれしい

1 "了"（〜した）

70

動詞 + 目的語 + 了

她 吃 饭 了。
Tā　chī　fàn　le.

他 去 北京 了。
Tā　qù　Běijīng　le.

ポイント 数量詞がある場合、次のように"了"を動詞のすぐ後ろにつけます。

動詞 + 了 + 数量詞 + 目的語

她 吃了 一 碗 饭。
Tā　chī le　yì　wǎn　fàn.

爸爸 买了 两 张 票。
Bàba　mǎi le　liǎng　zhāng　piào.

ポイント 否定文の場合は、動詞の前に"没（有）"を使い、"了"を取り除きます。

A:　你 昨天 来 学校 了 吗？
　　Nǐ　zuótiān　lái　xuéxiào　le　ma?

B:　没（有）来。
　　Méi（you）　lái.

2 "过"（〜したことがある）

71

動詞 ＋ 过 （＋ 数量詞 ＋ 目的語）

肯定文　他 去过 中国。
　　　　Tā　qùguo　Zhōngguó.

　　　　他 去过 一 次 中国。
　　　　Tā　qùguo　yí　cì　Zhōngguó.

否定文　他 没（有） 去过 中国。
　　　　Tā　méi　you　qùguo　Zhōngguó.

疑問文　A: 你 去过 中国 吗？
　　　　　　Nǐ　qùguo　Zhōngguó　ma?

　　　　B: 没（有） 去过。／ 去过。／ 去过 一 次。
　　　　　　Méi　you　qùguo.　　Qùguo.　　Qùguo　yí　cì.

3 反復疑問文

72

「反復疑問文」は動詞や形容詞を「肯定＋否定」の形で並べる疑問文です。

他 是 不 是 学生？　　　他 高兴 不 高兴？
Tā　shì　bu　shì　xuésheng?　　Tā　gāoxìng　bu　gāoxìng?

教室里 有 没有 人？　　　四川 菜 辣 不 辣？
Jiàoshìli　yǒu　méiyou　rén?　　Sìchuān　cài　là　bu　là?

ポイント 文末には"吗"をつけません。

練 習 問 題

1 次のピンインを簡体字に直し、さらに日本語に訳しなさい。

1. Shānběn chīle liǎngge zòngzi.

　　_____（　　　　　　　　　　　　　　　）

2. Wǒ hái méiyou qùguo Běijīng.

　　_____（　　　　　　　　　　　　　　　）

3. Zòngzi de xíngzhuàng bú tài yíyàng.

　　_____（　　　　　　　　　　　　　　　）

2 適切な単語を（　）に入れなさい。

　［　了　　　过　　　跟　　　不太　　　太　］
　　　le　　　guo　　　gēn　　　bú tài　　　tài

1. 我没去（　　　）四川。　　　　Wǒ méi qù（　　　　）Sìchuān.

2. 山本（　　　）李华吃饺子。　　Shānběn（　　　　）Lǐ Huá chī jiǎozi.

3. 《西游记》（　　　）好看了。　　《Xīyóujì》（　　　　）hǎokàn le.

4. 他吃（　　　）三碗饭。　　　　Tā chī（　　　　）sān wǎn fàn.

5. 我（　　　）喜欢喝咖啡。　　　Wǒ（　　　　）xǐhuan hē kāfēi.

3 日本語の意味になるように、単語を並べ替えなさい。

1. ［用　我　微信　没有　过］
　　yòng　wǒ　Wēixìn　méiyou　guo

　　_____（私はWeChatを使ったことがありません。）

2. ［买　我们　了　苹果　去］
　　mǎi　wǒmen　le　píngguǒ　qù

　　_____（私たちはリンゴを買いに行きました。）

3. ［吃　不能　辣　你　能］
　　chī　bunéng　là　nǐ　néng

　　_____（あなたは辛い物を食べられますか。）

4. ［两　瓶　喝　爸爸　啤酒　了］
　　liǎng　píng　hē　bàba　píjiǔ　le

　　_____（お父さんはビールを2本飲みました。）

読み物

今天 是 端午节。端午节 是 传统 的 节日，所以
Jīntiān　shì　Duānwǔ Jié.　Duānwǔ Jié　shì　chuántǒng　de　jiérì,　suǒyǐ

学校 都 放假。
xuéxiào　dōu　fàngjià.

李 华 买了 很 多 粽子，她 请 山本 一起 吃。山本
Lǐ　Huá　mǎile　hěn　duō　zòngzi,　tā　qǐng　Shānběn　yìqǐ　chī.　Shānběn

第一 次 在 中国 吃 粽子，他 吃了 两个。
dì-yī　cì　zài　Zhōngguó　chī　zòngzi,　tā　chīle　liǎngge.

日本 也 过 端午节，也 吃 粽子。但是 日本 的
Rìběn　yě　guò　Duānwǔ Jié,　yě　chī　zòngzi.　Dànshì　Rìběn　de

粽子 跟 中国 的 不 太 一样。
zòngzi　gēn　Zhōngguó　de　bú　tài　yíyàng.

単語 传统 chuántǒng 伝統的な、伝統 / 节日 jiérì 祝祭日 / 放假 fàngjià 休みになる / 多 duō 多い /
请 qǐng ごちそうする / 第一次 dì-yī cì 初めて / 过 guò（特定の日を）祝う、過ごす

第九课
Dì jiǔ kè

你 在 干 什么 呢？
Nǐ zài gàn shénme ne?

 ウォーミングアップ
74

① 上课
shàngkè

② 学 汉语
xué Hànyǔ

③ 写 作业
xiě zuòyè

④ 看 电视
kàn diànshì

⑤ 看 书
kàn shū

⑥ 看 报纸
kàn bàozhǐ

⑦ 玩儿 游戏
wánr yóuxì

⑧ 打 电话
dǎ diànhuà

⑨ 发 邮件
fā yóujiàn

李華さんがネットショッピングをしているところに、山本さんが来ました。
75

山本：　你 在 干 什么 呢?
Shānběn　Nǐ zài gàn shénme ne?

李华：　我 在 网上 买了 一 件 衣服。
Lǐ Huá　Wǒ zài wǎngshàng mǎile yí jiàn yīfu.

山本：　多少 钱?
Duōshao qián?

李华：　三 百 五十 块。
Sān bǎi wǔshí kuài.

山本：　真 不错。
Zhēn búcuò.

李华：　这个 网站 的 东西 比 商店 的 便宜。
Zhèige wǎngzhàn de dōngxi bǐ shāngdiàn de piányi.

山本：　要 注册 吗?
Yào zhùcè ma?

李华：　要 用 手机 号码 注册。
Yào yòng shǒujī hàomǎ zhùcè.
76

□ 在…（呢）	zài…(ne)	〜している		□ 要	yào	〜しなければならない
□ 干	gàn	する		□ 注册	zhùcè	登録する
□ 网上	wǎngshàng	ネット上		□ 号码	hàomǎ	番号
□ 件	jiàn	〜枚（服などを数える）		●●●●●● 要点 ●●●●●●		
□ 衣服	yīfu	服		□ 打	dǎ	（電話を）かける
□ 多少	duōshao	いくら、どれほど		□ 电话	diànhuà	電話
□ 钱	qián	お金		□ 高	gāo	高い
□ 块	kuài	元（中国貨幣単位）		□ …得多	…deduō	（ほかと比べて）ずっと
□ 网站	wǎngzhàn	ウェブサイト		□ 没（有）	méi(you)	（〜ほど）〜ない
□ 东西	dōngxi	もの		□ 大	dà	年が上である
□ 比	bǐ	より		□ 岁	suì	〜歳
□ 商店	shāngdiàn	店		□ 不用	búyòng	〜しなくてもよい
□ 便宜	piányi	安い（⇔贵 guì 値段が高い）				

61

要 点

1 "在…（呢)" （〜している）

🔊 77

主語 + 在 + 動詞 + 目的語（+呢)

肯定文　他 在 打 电话（呢)。
　　　　Tā zài dǎ diànhuà (ne).

否定文　他 没（有）在 打 电话。
　　　　Tā méi (you) zài dǎ diànhuà.

疑問文　他 在 打 电话 吗?
　　　　Tā zài dǎ diànhuà ma?

　　　　他 在 干 什么 呢?
　　　　Tā zài gàn shénme ne?

2 比較の表現

🔊 78

A + 比 + B + 形容詞（+差の量)　　　A + 没（有）+ B + 形容詞

AはBより〜　　　　　　　　　　　　AはBほど〜ない

他 比 我 高。　　　　　　　　　　　我 没（有）他 高。
Tā bǐ wǒ gāo.　　　　　　　　　　Wǒ méi (you) tā gāo.

他 比 我 高 一点儿 / 得多。
Tā bǐ wǒ gāo yìdiǎnr deduō.

A: 他 比 你 大 吗?
　 Tā bǐ nǐ dà ma?

B: 他 比 我 大 五 岁。　　　　　　 我 没（有）他 大。
　 Tā bǐ wǒ dà wǔ suì.　　　　　　Wǒ méi (you) tā dà.

3 助動詞 "要"（～しなければならない）

> 要 + 動詞（＋目的語）

肯定文　我　明天　要　上课。
　　　　Wǒ　míngtiān　yào　shàngkè.

否定文　我　明天　不用　上课。
　　　　Wǒ　míngtiān　búyòng　shàngkè.

疑問文　你　明天　要　上课　吗?
　　　　Nǐ　míngtiān　yào　shàngkè　ma?

ポイント 否定は "不要 búyào" ではなく、"不用 búyòng"（しなくてもよい）を用います。

◆ 中国のお金 ◆

中国のお金の単位は "元 yuán"、"角 jiǎo"、"分 fēn" です。話し言葉ではそれぞれ "块 kuài"、"毛 máo"、"分 fēn" となっています（1 元 = 10 角 = 100 分）。たとえば、

¥87000　八万七千块 bāwàn qīqiān kuài　¥356　三百五十六块 sānbǎi wǔshíliù kuài

¥9.4　　九块四（毛）jiǔ kuài sì (máo)　¥1.63　一块六毛三（分）yí kuài liù máo sān (fēn)

❖ 中国の通貨記号は「¥」、日本の記号と同じです。

1 次のピンインを簡体字に直し、さらに日本語に訳しなさい。

1. Lǐ Huá zài mǎi yīfu.

   _____ (   )

2. Wǎngshàng bǐ shāngdiàn piányi.

   _____ (   )

3. Zhèi jiàn yīfu duōshao qián?

   _____ (   )

2 適切な単語を（　　）に入れなさい。

[　在　　　比　　　没有　　　要　　　得多　]
　　zài　　　bǐ　　méiyou　　yào　　deduō

1. 四川菜（　　　　）日本菜辣。　　　　Sìchuān cài (　　　) Rìběn cài là.

2. 他（　　　　）看小说呢。　　　　　Tā (　　　) kàn xiǎoshuō ne.

3. 这个网站（　　　　）用手机注册。　Zhèige wǎngzhàn (　　　) yòng shǒujī zhùcè.

4. 日本（　　　　）美国大。　　　　　Rìběn (　　　) Měiguó dà.

5. 今天比昨天冷（　　　　）。　　　　Jīntiān bǐ zuótiān lěng (　　　).

3 日本語の意味になるように、単語を並べ替えなさい。

1. ［ 呢　你们　吃　在　什么 ］
　　ne　nǐmen　chī　zài　shénme

　_____
　　　　　　　　　　　　（あなたたちは何を食べていますか。）

2. ［ 我　高　他　得多　比 ］
　　wǒ　gāo　tā　deduō　bǐ

　_____
　　　　　　　　　　　　（彼は私よりずっと高いです。）

3. ［ 电话　用　注册　请　号码 ］
　　diànhuà　yòng　zhùcè　qǐng　hàomǎ

　_____
　　　　　　　　　　　　（電話番号で登録してください。）

4. ［ 学校　明天　吗　去　要 ］
　　xuéxiào　míngtiān　ma　qù　yào

　_____
　　　　　　　　　　　　（あす学校に行かなければならないのですか。）

読み物

80

现在 很 多 人 喜欢 在 网上 购物。
Xiànzài hěn duō rén xǐhuan zài wǎngshàng gòuwù.

李 华 今天 在 网上 买了 一 件 毛衣。这 件 毛衣
Lǐ Huá jīntiān zài wǎngshàng mǎile yí jiàn máoyī. Zhèi jiàn máoyī

很 不错，而且 比 商店 的 便宜 得多。
hěn búcuò, érqiě bǐ shāngdiàn de piányi deduō.

山本 也 想 买 一 件 衣服，李 华 告诉 他 网址。
Shānběn yě xiǎng mǎi yí jiàn yīfu, Lǐ Huá gàosu tā wǎngzhǐ.

这个 网站 一定 要 用 手机 注册。
Zhèige wǎngzhàn yídìng yào yòng shǒujī zhùcè.

単語 购物 gòuwù 買い物する / 毛衣 máoyī セーター / 而且 érqiě しかも / 网址 wǎngzhǐ URL /
一定 yídìng 必ず

你 家 离 富士山 远 吗？
Nǐ jiā lí Fùshì Shān yuǎn ma?

ウォーミングアップ 🔊 81

1 上海
Shànghǎi

2 北京
Běijīng

3 东京
Dōngjīng

4 大学
dàxué

5 地铁站
dìtiězhàn

6 我 家
wǒ jiā

7 机场
jīchǎng

8 超市
chāoshì

9 书店
shūdiàn

10 理发店
lǐfàdiàn

日曜日、李華さんと山本さんが北京郊外の万里の長城を登っています。

🔊 82

李华：　你 累 吗？
Lǐ Huá　　Nǐ lèi ma?

山本：　有点儿 累。
Shānběn　　Yǒudiǎnr lèi.

李华：　我们 休息 一下 吧。
　　　　Wǒmen xiūxi yíxià ba.

山本：　行。你 以前 爬过 长城 吗？
　　　　Xíng. Nǐ yǐqián páguo Chángchéng ma?

李华：　爬过 一 次。你 在 日本 爬过 富士山 吗？
　　　　Páguo yí cì. Nǐ zài Rìběn páguo Fùshì Shān ma?

山本：　还 没 爬过。
　　　　Hái méi páguo.

李华：　你 家 离 富士山 远 吗？
　　　　Nǐ jiā lí Fùshì Shān yuǎn ma?

山本：　很 远。从 我 家 到 富士山 要 三 个 小时。
　　　　Hěn yuǎn. Cóng wǒ jiā dào Fùshì Shān yào sān ge xiǎoshí.

🔊 83

☐ 离	lí	～から、～まで	
☐ 富士山	Fùshì Shān	富士山	
☐ 远	yuǎn	遠い	
☐ 累	lèi	疲れる	
☐ 休息	xiūxi	休憩する	
☐ 一下	yíxià	ちょっと	
☐ 以前	yǐqián	以前、これまで	
☐ 爬	pá	登る	
☐ 长城	Chángchéng	長城、万里の長城	
☐ 从	cóng	～から	

☐ 到	dào	～まで
☐ 要	yào	要する、かかる
☐ 小时	xiǎoshí	～時間
●●●●●●●●● 要点 ●●●●●●●●●●		
☐ 电视	diànshì	テレビ
☐ 近	jìn	近い
☐ 开始	kāishǐ	始める、始まる
☐ 多长	duōcháng	どのくらい（長さ）
☐ 时间	shíjiān	時間

1 "一下"（ちょっと〜する）

84

動詞 + 一下（+目的語）

请 等 一下。
Qǐng děng yíxià.

我 去 一下 图书馆。
Wǒ qù yíxià túshūguǎn.

ポイント 「ちょっと〜した」は"了"を動詞のすぐ後ろに置きます。

他 休息了 一下。
Tā xiūxile yíxià.

他 看了 一下 电视。
Tā kànle yíxià diànshì.

ポイント 動詞を重ねることで「ちょっと〜する」の意味を表すこともできます。

我们 休息 休息 吧。
Wǒmen xiūxi xiūxi ba.

请 等 等。
Qǐng děng deng.

2 前置詞"离"（〜から、〜まで）、"从"（〜から）、"到"（〜まで）

85

"离"はA、Bの2点間のへだたりを表します。"从…"は起点、"到…"は到達点を表しますが、"从"は単独でも使えます。

A + 离 + B〜

从… 〜から到… 〜まで

肯定文
我 家 离 学校 很 远。
Wǒ jiā lí xuéxiào hěn yuǎn.

从 我 家 到 学校 很 近。
Cóng wǒ jiā dào xuéxiào hěn jìn.

否定文
我 家 离 学校 不 远。
Wǒ jiā lí xuéxiào bù yuǎn.

我 从 三点 到 五点 打工。
Wǒ cóng sāndiǎn dào wǔdiǎn dǎgōng.

疑問文
你 家 离 学校 远 吗?
Nǐ jiā lí xuéxiào yuǎn ma?

我 从 九点 开始 上课。
Wǒ cóng jiǔdiǎn kāishǐ shàngkè.

3 時間量を表す語

🔊 86

一 分钟	两 个 小时	三 天	四 个 星期	五 个 月	六 年
yì fēnzhōng	liǎng ge xiǎoshí	sān tiān	sì ge xīngqī	wǔ ge yuè	liù nián
1分間	2時間	3日間	4週間	5か月	6年間

動詞 + 時間量（+目的語）

我 看 了 一 个 小时。
Wǒ kànle yí ge xiǎoshí.

我 看 了 一 个 小时 书。
Wǒ kànle yí ge xiǎoshí shū.

A: 你 学 了 多长 时间 汉语?
　　Nǐ xuéle duōcháng shíjiān Hànyǔ?

B: 我 学 了 两 年 汉语。
　　Wǒ xuéle liǎng nián Hànyǔ.

A: 你 想 学 几 年?
　　Nǐ xiǎng xué jǐ nián?

B: 我 想 学 三 年。
　　Wǒ xiǎng xué sān nián.

◆ 中国の有名な世界遺産 ◆

故宫 Gùgōng	明・清王朝の宮殿、旧称「紫禁城」（北京市）
秦始皇陵 Qín-Shǐhuáng Líng	秦の始皇帝陵（西安市）
九寨沟 Jiǔzhàigōu	美しい絶景の渓谷（四川省）
福建土楼 Fújiàn tǔlóu	客家の独特の建築物（福建省）

1 次のピンインを簡体字に直し、さらに日本語に訳しなさい。

1. Lǐ Huá yǐqián páguo yí cì Chángchéng.

   _____ (   )

2. Wǒmen xiūxi yíxià, zěnmeyàng?

   _____ (   )

3. Cóng wǒ jiā dào Dōngjīng yào yí ge xiǎoshí.

   _____ (   )

2 適切な単語を（　）に入れなさい。

[　一下　　有点儿　　离　　从　　到　]
　yíxià　　yǒudiǎnr　　lí　　cóng　　dào

1. 北京（　　　　）东京远吗?　　　　　Běijīng (　　　　　　) Dōngjīng yuǎn ma?

2. 我想（　　　　）北京出发。　　　　Wǒ xiǎng (　　　　　　) Běijīng chūfā.

3. 我在教室休息了（　　　　）。　　　Wǒ zài jiàoshì xiūxile (　　　　　).

4. 今天北京（　　　　）冷。　　　　　Jīntiān Běijīng (　　　　　) lěng.

5. 从我家（　　　　）学校要一个小时。Cóng wǒ jiā (　　　　) xuéxiào yào yí ge xiǎoshí.

3 日本語の意味になるように、単語を並べ替えなさい。

1. [我　汉语　五　年　了　学]
   　wǒ　Hànyǔ　wǔ　nián　le　xué

   _____ (私は中国語を五年間勉強しました。)

2. [我　家　离　远　车站　有点儿]
   　wǒ　jiā　lí　yuǎn　chēzhàn　yǒudiǎnr

   _____ (私の家は駅からちょっと遠いです。)

3. [一下　他　了　手机　看]
   　yíxià　tā　le　shǒujī　kàn

   _____ (彼はちょっとスマホを見ました。)

4. [到　北京　上海　要　从　多长时间]
   　dào　Běijīng　Shànghǎi　yào　cóng　duōcháng shíjiān

   _____ (北京から上海まではどのくらいかかりますか。)

読み物

87

长城 也 叫 "万里长城"，是 有名 的 世界遗产。
Chángchéng yě jiào "Wàn Lǐ Chángchéng", shì yǒumíng de shìjiè yíchǎn.

这 一 天，李 华 和 山本 去 爬 八达岭 长城。
Zhèi yì tiān, Lǐ Huá hé Shānběn qù pá Bādálǐng Chángchéng.

八达岭 长城 离 市区 很 远，坐 巴士 要 三 个 多
Bādálǐng Chángchéng lí shìqū hěn yuǎn, zuò bāshì yào sān ge duō

小时。
xiǎoshí.

山本 第一 次 爬 长城。李 华 以前 爬过 一 次。
Shānběn dì-yī cì pá Chángchéng. Lǐ Huá yǐqián páguo yí cì.

他们 爬了 一 个 多 小时，觉得 有点儿 累 了，所以
Tāmen pále yí ge duō xiǎoshí, juéde yǒudiǎnr lèi le, suǒyǐ

休息了 十 多 分钟。
xiūxile shí duō fēnzhōng.

单語 万里长城 WànLǐ Chángchéng 万里の長城 / 世界遗产 shìjiè yíchǎn 世界遺産 / 这一天 zhèi yì tiān この日 / 八达岭 Bādálǐng 八達嶺（地名）/ 市区 shìqū 市の中心部 / 巴士 bāshì バス / …多 …duō 〜あまり / 觉得 juéde 感じる

第十一课 听说 春节 很 热闹。
Dì shíyī kè　　Tīngshuō Chūnjié hěn rènao.

① 春节
Chūnjié

② 贴 "福" 字
tiē "fú" zì

③ 贴 春联
tiē chūnlián

④ 放 鞭炮
fàng biānpào

⑤ 吃 年夜饭
chī niányèfàn

⑥ 吃 饺子
chī jiǎozi

⑦ 吃 年糕
chī niángāo

⑧ 拜年
bàinián

⑨ 给 压岁钱
gěi yāsuìqián

⑩ 吃 元宵
chī yuánxiāo

李華さんと山本さんが冬休みの予定について話しています。 🔊 89

李华
Lǐ Huá

快 春节 了。你 打算 干 什么？
Kuài Chūnjié le. Nǐ dǎsuàn gàn shénme?

山本
Shānběn

我 还 没有 计划。
Wǒ hái méiyou jìhuà.

李华

我 回 四川 过年。你 也 去 玩儿 吗？
Wǒ huí Sìchuān guònián. Nǐ yě qù wánr ma?

山本

我 很 想 去。听说 春节 很 热闹。
Wǒ hěn xiǎng qù. Tīngshuō Chūnjié hěn rènao.

李华

是的。你 可以 体验 一下 中国 的 春节。
Shìde. Nǐ kěyǐ tǐyàn yíxià Zhōngguó de Chūnjié.

山本

我们 坐 飞机 去 还是 坐 高铁 去？
Wǒmen zuò fēijī qù háishi zuò gāotiě qù?

李华

坐 飞机 去 吧。
Zuò fēijī qù ba.

山本

行。
Xíng.

🔊 90

☐ 听说	tīngshuō	聞くところによると～だそうだ	☐ 体验	tǐyàn	体験する
☐ 春节	Chūnjié	春節、旧正月	☐ 飞机	fēijī	飛行機
☐ 热闹	rènao	にぎやかである	☐ 还是	háishi	それとも
☐ 快…了	kuài…le	もうすぐ～	☐ 高铁	gāotiě	高速鉄道
☐ 打算	dǎsuàn	～するつもりである	●●●●●●● 要点 ●●●●●●●		
☐ 计划	jìhuà	予定、計画	☐ 下雨	xià yǔ	雨が降る
☐ 过年	guònián	新年を迎える	☐ 上海	Shànghǎi	上海
☐ 可以	kěyǐ	～してもいい	☐ 试	shì	試す

73

1 "快…了" (もうすぐ～)

91

快 下 雨 了。
Kuài xià yǔ le.

他 快 二十 岁 了。
Tā kuài èrshí suì le.

快 十二点 了。
Kuài shí'èrdiǎn le.

ポイント "快" と "了" の間には動詞述語も名詞述語も入ることができます。

2 "听说" (聞くところによると～だそうだ)

92

听说 他 是 北京人。
Tīngshuō tā shì Běijīngrén.

听说 她 回 四川 过年。
Tīngshuō tā huí Sìchuān guònián.

听说 上海 菜 也 很 好吃。
Tīngshuō Shànghǎi cài yě hěn hǎochī.

3 助動詞 "可以" （〜してもいい）

93

你 可以 试 一下。
Nǐ　kěyǐ　shì　yíxià.

这 本 书 很 好看，你 可以 看 一下。
Zhèi běn shū hěn hǎokàn,　Nǐ　kěyǐ　kàn　yíxià.

A:　我 可以 坐 这儿 吗？
　　 Wǒ　kěyǐ　zuò　zhèr　ma?

B:　可以。/你 不 可以（不 能）坐 这儿。
　　 Kěyǐ.　　Nǐ　bù　kěyǐ　（bù néng）　zuò　zhèr.

◆ 中国の主な祝祭日 ◆					
春节	清明节	端午节	劳动节	中秋节	国庆节
Chūnjié	Qīngmíng Jié	Duānwǔ Jié	Láodòng Jié	Zhōngqiū Jié	Guóqìng Jié
旧正月	中国のお盆	端午の節句	メーデー	中秋の名月	建国記念日
旧暦1月1日	4月5日前後	旧暦5月5日	5月1日	旧暦8月15日	10月1日

❖ 春节、国庆节は大型連休（黄金周 huángjīnzhōu）になることが多いです。

練 習 問 題

1 次のピンインを簡体字に直し、さらに日本語に訳しなさい。

1. Lǐ Huá dǎsuàn huí Sìchuān guònián.

   _____ （   ）

2. Shānběn xiǎng tǐyàn Zhōngguó de Chūnjié.

   _____ （   ）

3. Wǒmen zuò fēijī qù háishi zuò gāotiě qù?

   _____ （   ）

2 適切な単語を（　）に入れなさい。

［　快　　还是　　可以　　会　　听说　］
　　 kuài　 háishi　 kěyǐ　 huì　 tīngshuō

1. 我没有学过汉语，不（　　　）说。　Wǒ méiyou xuéguo Hànyǔ, bú（　　　）shuō.

2. 你不（　　　）在教室打电话。　　　Nǐ bù（　　　）zài jiàoshì dǎ diànhuà.

3. （　　　）四川离北京很远。　　　　（　　　）Sìchuān lí Běijīng hěn yuǎn.

4. （　　　）寒假了，你想去哪儿?　　（　　　）hánjià le, nǐ xiǎng qù nǎr?

5. 你吃拉面（　　　）吃饺子?　　　　Nǐ chī lāmiàn（　　　）chī jiǎozi?

3 日本語の意味になるように、単語を並べ替えなさい。

1. ［了　我　岁　快　十九］
　　 le　 wǒ　 suì　 kuài　 shíjiǔ

   _____ （私はもうすぐ十九歳になります。）

2. ［高铁　可以　我们　去　坐］
　　 gāotiě　 kěyǐ　 wǒmen　 qù　 zuò

   _____ （私たちは高速鉄道で行ってもいいです。）

3. ［学　他　听说　汉语　过］
　　 xué　 tā　 tīngshuō　 Hànyǔ　 guo

   _____ （彼は中国語を学んだことがあるそうです。）

4. ［出发　星期六　我们　星期天　出发　还是］
　　 chūfā　 xīngqīliù　 wǒmen　 xīngqītiān　 chūfā　 háishi

   _____

   （私たちは土曜日に出発しますか、それとも日曜日ですか。）

76

読み物

94

在 中国, 春节 是 最 重要 的 节日。每 家 门上 都
Zài Zhōngguó, Chūnjié shì zuì zhòngyào de jiérì. Měi jiā ménshang dōu

贴 "福" 字, 很 热闹。春节 有 不少 习俗, 比如: 贴
tiē "fú" zì, hěn rènao. Chūnjié yǒu bùshǎo xísú, bǐrú: tiē

春联、吃 年夜饭、包 饺子、放 鞭炮、拜年、给 压岁钱
chūnlián、chī niányèfàn、bāo jiǎozi、fàng biānpào、bàinián、gěi yāsuìqián

等。
děng.

山本 想 体验 中国 的 春节, 所以 他 去 李 华 家
Shānběn xiǎng tǐyàn Zhōngguó de Chūnjié, suǒyǐ tā qù Lǐ Huá jiā

过年。他们 打算 坐 飞机 去。
guònián. Tāmen dǎsuàn zuò fēijī qù.

単語 最 zuì 最も ／ 重要 zhòngyào 重要である ／ 每… měi… 各〜 ／ 门 mén 扉、ドア ／ 贴 tiē 貼る ／ 福 fú 福 ／ 字 zì 字 ／ 不少 bùshǎo 多くの ／ 习俗 xísú 風習 ／ 比如 bǐrú 例えば ／ 春联 chūnlián 春節 に門などに貼る対句の赤紙 ／ 年夜饭 niányèfàn 大晦日の夜の食事 ／ 包 bāo（ギョーザなどを）作る ／ 放 fàng（爆竹を）鳴らす ／ 鞭炮 biānpào 爆竹 ／ 拜年 bàinián 年始回り ／ 压岁钱 yāsuìqián お年玉 ／ …等 …děng 〜など

第十二课 我 快 回 日 本 了。

Dì shí'èr kè　　Wǒ　 kuài　 huí　 Rìběn　 le.

 ウォーミングアップ 🔊 95

1 行李箱
xínglixiāng

2 机票
jīpiào

3 护照
hùzhào

4 钱包
qiánbāo

5 钥匙
yàoshi

6 手机
shǒujī

7 耳机
ěrjī

8 充电宝
chōngdiànbǎo

9 墨镜
mòjìng

10 雨伞
yǔsǎn

78

山本さんは来月、留学生活を終えて日本に帰ることになります。 🔊 **96**

山本：　我 快 回 日本 了。
Shānběn　Wǒ kuài huí Rìběn le.

李华：　时间 过得 真 快。欢迎 你 再 来！
Lǐ Huá　Shíjiān guòde zhēn kuài. Huānyíng nǐ zài lái!

山本：　好的，我 一定 还 来。
　　　　Hǎode, wǒ yídìng hái lái.

李华：　给 家人 买 礼物 了 吗？
　　　　Gěi jiārén mǎi lǐwù le ma?

山本：　买 了。是 在 网上 买 的。
　　　　Mǎi le. Shì zài wǎngshàng mǎi de.

李华：　你 的 汉语 进步得 真 快。
　　　　Nǐ de Hànyǔ jìnbùde zhēn kuài.

山本：　还 差得远。
　　　　Hái chàdeyuǎn.

李华：　那，后会有期！
　　　　Nà, hòuhuì-yǒuqī!

山本：　后会有期！
　　　　Hòuhuì-yǒuqī!

🔊 **97**

☐ 过	guò	経つ		☐ 差得远	chàdeyuǎn	まだまだ
☐ 得	de	〜するのが〜		☐ 后会有期	hòuhuì-yǒuqī	また会おう
☐ 快	kuài	速い		●●●●●●●●● 要点 ●●●●●●●●●		
☐ 欢迎	huānyíng	歓迎する		☐ 跑	pǎo	走る
☐ 一定	yídìng	必ず、きっと		☐ 写	xiě	書く
☐ 还	hái	また		☐ 字	zì	字
☐ 给	gěi	〜に		☐ 慢	màn	遅い
☐ 家人	jiārén	家族		☐ 朋友	péngyou	友達
☐ 礼物	lǐwù	プレゼント		☐ 信	xìn	手紙
☐ 进步	jìnbù	進歩する		☐ 去年	qùnián	去年

要 点

1 様態補語 （〜するのが〜）

🔊
98

様態補語は動詞の後ろに置かれて、動作の様子、程度を評価するものです。動詞との間に"得 de"を入れる必要があります。

主語 + 動詞 + 得 + 様態補語

他 说 得 很 好。
Tā　shuō　de　hěn　hǎo.

他 跑 得 不 快。
Tā　pǎo　de　bú　kuài.

他 说 得 好 吗?
Tā　shuō　de　hǎo　ma?

他 跑 得 怎么样?
Tā　pǎo　de　zěnmeyàng?

目的語を伴う場合は次のような文型になります。

主語 （＋動詞）＋目的語 + 動詞 + 得 + 様態補語

他 （说） 汉语 说 得 很 好。
Tā　(shuō)　Hànyǔ　shuō　de　hěn　hǎo.

我 （写） 字 写 得 很 慢。
Wǒ　(xiě)　zì　xiě　de　hěn　màn.

2 前置詞"给" （〜に）

🔊
99

主語 + 给 + 人 + 動詞 + 目的語

她 给 朋友 写 信。
Tā　gěi　péngyou　xiě　xìn.

A: 你 给 爸爸 打 电话 了 吗?
　　Nǐ　gěi　bàba　dǎ　diànhuà　le　ma?

B: 我 没有 给 爸爸 打 电话。
　　Wǒ　méiyou　gěi　bàba　dǎ　diànhuà.

3 "是…的" （〜したのだ）

"是…的" は完了した出来事について、それが起きた「時間・場所・方法」などを強調する表現です。

> **主語 ＋ 是 ＋ 時間・場所・方法 ＋ 動詞 ＋ 的 （＋目的語）**

他 是 去年 来 的 日本。
Tā shì qùnián lái de Rìběn.

他 是 在 食堂 吃 的 饭。
Tā shì zài shítáng chī de fàn.

A: 你 是 怎么 去 的 上海?
Nǐ shì zěnme qù de Shànghǎi?

B: 我 是 坐 飞机 去 的。
Wǒ shì zuò fēijī qù de.

◆ 中国の祝福の言葉 ◆		
四字熟語	意味	使用場面
一路顺风　yílù shùnfēng	道中ご無事で。	人が旅立つ際
万事如意　wànshì rúyì	万事が思いどおりでありますように。	全般的な祝い事
生日快乐　shēngrì kuàilè	お誕生日おめでとう。	誕生日を祝う際

❖　熟語の前に "祝你……（zhù nǐ…）"（〜を祈る）をつけて使用することもよくあります。

1 次のピンインを簡体字に直し、さらに日本語に訳しなさい。

1. Shānběn kuài huí Rìběn le.

   _____（　　　　　　　　　　　　　　　）

2. Wǒ hǎi méiyou gěi péngyou mǎi lǐwù.

   _____（　　　　　　　　　　　　　　　）

3. Shānběn de Hànyǔ jìnbùde hěn kuài.

   _____（　　　　　　　　　　　　　　　）

2 適切な単語を（　　）に入れなさい。

［　得　　　的　　　给　　　是　　　还　］
　　de　　　de　　gěi　　 shì　　 hái

1. 你的电脑（　　　　）在哪儿买的?　　Nǐ de diànnǎo (　　　　　) zài nǎr mǎi de?

2. 我没有（　　　　）妈妈打电话。　　Wǒ méiyou (　　　　　) māma dǎ diànhuà.

3. 我喝了一杯,（　　　　）想喝。　　Wǒ hēle yì bēi, (　　　　　) xiǎng hē.

4. 他是在北京学（　　　　）汉语。　　Tā shì zài Běijīng xué (　　　　　) Hànyǔ.

5. 时间过（　　　　）很慢。　　Shíjiān guò (　　　　　) hěn màn.

3 日本語の意味になるように、単語を並べ替えなさい。

1. ［　快　　得　　他　　非常　　跑　］
　　 kuài　 de　　tā　　fēicháng　 pǎo

   _____（彼は走るのが非常に速いです。）

2. ［　网上　　买　　是　　的　　我　　在　］
　 wǎngshàng　mǎi　 shì　 de　　wǒ　 zài

   _____（私はネットで買ったのです。）

3. ［　想　　信　　朋友　　写　　我　　给　］
　 xiǎng　 xìn　péngyou　 xiě　　wǒ　 gěi

   _____（私は友達に手紙を書きたいです。）

4. ［　写　　她　　好　　写　　很　　得　　字　］
　 xiě　　tā　　hǎo　 xiě　 hěn　 de　　zì

   _____（彼女は字を書くのがとても上手です。）

読み物

山本 下 个 月 回 日本。山本 学习 很 努力，所以
Shānběn xià ge yuè huí Rìběn. Shānběn xuéxí hěn nǔlì, suǒyǐ

他 的 汉语 进步得 很 快。他 给 家人 买了 许多 礼物，
tā de Hànyǔ jìnbùde hěn kuài. Tā gěi jiārén mǎile xǔduō lǐwù,

都 是 在 网上 买 的。
dōu shì zài wǎngshàng mǎi de.

今天 山本 来 和 李 华 告别。这 一 年，李 华 教
Jīntiān Shānběn lái hé Lǐ Huá gàobié. Zhèi yì nián, Lǐ Huá jiāo

山本 汉语、带 他 去 吃 川菜、爬 长城、体验 中国 的
Shānběn Hànyǔ、 dài tā qù chī chuāncài、 pá Chángchéng、 tǐyàn Zhōngguó de

春节。山本 非常 感谢 李 华。李 华 欢迎 山本 再 来
Chūnjié. Shānběn fēicháng gǎnxiè Lǐ Huá. Lǐ Huá huānyíng Shānběn zài lái

中国。
Zhōngguó.

単語 下个月 xià ge yuè 来月 / 学习 xuéxí 勉強する / 努力 nǔlì 頑張る / 许多 xǔduō たくさんの /
告别 gàobié 別れる / 教 jiāo 教える / 带 dài 連れる / 感谢 gǎnxiè 感謝する

索　引

索引

hǎokàn	好看	面白い、美しい	3	本・要
…hào	…号	〜日		発音
hàomǎ	号码	番号	9	本・要
hē	喝	飲む	2	本・要
hé	和	と	2	本・要
hěn	很	とても	3	本・要
hòuhuì-yǒuqī	后会有期	また会おう	12	本・要
hùzhào	护照	パスポート	12	ウ
huáxuě	滑雪	スキーをする	7	ウ
huānyíng	欢迎	歓迎する	12	本・要
huí	回	帰る	4	本・要
huì	会	〜できる	6	本・要
huíguōròu	回锅肉	ホイコーロー	4	ウ
			7	本・要
húntun	馄饨	ワンタン	4	ウ
J				
jǐ	几	いくつ	5	本・要
jīchǎng	机场	空港	10	ウ
jǐdiǎn	几点	何時	5	本・要
jǐhào	几号	何日	5	本・要
jìhuà	计划	予定	11	本・要
jīpiào	机票	航空券	12	ウ
jǐyuè	几月	何月	5	本・要
jiā	家	家	3	コ
			4	本・要
jiā	家	〜軒（店や会社などを数える）	7	読
jiā hǎoyǒu	加好友	友だち追加	6	コ
jiārén	家人	家族	12	本・要
jiàn	件	〜枚（服などを数える）	9	本・要
jiànmiàn	见面	会う	6	本・要
jiāo	教	教える	12	読
jiǎo	角	中国貨幣単位（"元"の10分の1）	9	コ
jiào	叫	（名前は）〜という	1	本・要
jiàoshì	教室	教室	2	ウ、本・要
jiǎozi	饺子	餃子	2	本・要
jiérì	节日	祝祭日	8	読
jìn	近	近い	10	本・要
jìnbù	进步	進歩する	12	本・要
jīntiān	今天	今日	5	本・要
jiǔ	九	九		発音
Jiǔzhàigōu	九寨沟	九寨溝	10	コ
juéde	觉得	感じる	10	読
K				
kāfēi	咖啡	コーヒー		発音
			2	本・要
kāichē	开车	車を運転する	6	ウ、本・要
kāishǐ	开始	始める、始まる	10	本・要
kàn	看	見る、読む	3	本・要
kě'ài	可爱	かわいい	4	読
kěyǐ	可以	〜してもいい	11	本・要
kuài	块	元（中国の貨幣単位）	9	本・要
kuài	快	速い	12	本・要
kuài…le	快…了	もうすぐ〜	11	本・要
L				
là	辣	辛い	7	本・要
lāmiàn	拉面	ラーメン		発音
			2	本・要
lái	来	来る	2	本・要
lái	来	よこす（注文時）	7	本・要
lái	来	さあ	8	本・要
Láodòng Jié	劳动节	メーデー	11	コ
lǎojiā	老家	実家、ふるさと	4	本・要
lǎoshī	老师	先生	1	ウ
			2	本・要
Lǎoshī hǎo!	老师好！	先生、こんにちは。		は
le	了	〜になった	6	本・要
le	了	〜した	8	本・要
lèi	累	疲れる	10	本・要
lěng	冷	寒い	7	本・要
lí	离	〜から、〜まで	10	本・要
…li	…里	〜の中	5	本・要
lǐfàdiàn	理发店	理髪店	10	ウ
Lǐ Huá	李华	李華（人名）	1	本・要
lǐwù	礼物	プレゼント	12	本・要
liánxì	联系	連絡する	5	本・要
liǎng	两	2つの〜、2人の〜	7	本・要
liáotiān	聊天	チャットする	6	コ
líng	零／〇	ゼロ		発音
liù	六	六		発音
liúxuéshēng	留学生	留学生	1	ウ、読

索引

ピンイン	中国語	日本語	課	区分
Qín-Shǐhuáng Líng	秦始皇陵	秦の始皇帝陵	10	コ
qù	去	行く	2	本・要
qùnián	去年	去年	12	本・要
qúnliáo	群聊	グループトーク	6	コ
R				
ránhòu	然后	それから	6	読
rènao	热闹	にぎやかである	11	本・要
rén	人	～人、人	1	本・要
Rìběn	日本	日本	1	本・要
Rìběnrén	日本人	日本人	1	ウ
Rìyǔ	日语	日本語	1	読
S				
sān	三	三		発音
sānkè	三刻	45分	5	本・要
sǎoyisǎo	扫一扫	QRコードスキャン	6	コ
Shānběn Xiáng	山本翔	山本翔（人名）	1	本・要
…shang	…上	～の上、表面	4	本・要
shāngdiàn	商店	店	9	本・要
Shànghǎi	上海	上海	10	ウ
			11	本・要
shàngkè	上课	授業を受ける	4	本・要
shāomài	烧卖	シュウマイ	4	ウ
shéi	谁	誰	3	本・要
shēngrì kuàilè	生日快乐	お誕生日おめでとう。	12	コ
shénme	什么	何、どんな	1	本・要
shí	十	十		発音
shì	是	～である	1	本・要
shì	试	試す	11	本・要
shíjiān	时间	時間	10	本・要
shìjiè yíchǎn	世界遗产	世界遺産	10	読
shìpín tōnghuà	视频通话	ビデオ通話	6	コ
shìqū	市区	市区	10	読
shìr	事儿	用事	5	本・要
shítáng	食堂	食堂	2	ウ、本・要
shǒubiǎo	手表	腕時計	3	ウ
shǒujī	手机	携帯電話、スマホ	2	本・要
shū	书	本	3	ウ、本・要
shūbāo	书包	かばん	3	ウ
shūdiàn	书店	本屋	10	ウ
shuǐjiǎo	水饺	水ギョーザ	4	ウ
shuìjiào	睡觉	寝る	5	ウ
shuō	说	話す	6	ウ、本・要
sì	四	四		発音
Sìchuān	四川	四川	4	本・要
suì	岁	～歳	9	本・要
Sūn Wùkōng	孙悟空	孫悟空	3	読
suǒyǐ	所以	だから	5	読
T				
tā	他	彼	1	本・要
tā	她	彼女	1	本・要
tái	台	～台（機械を数える）	7	本・要
tài…le	太…了	すごく	4	本・要
tāmen	他们	彼ら	1	本・要
tāmen	她们	彼女ら	1	本・要
tán	弹	弾く	6	ウ
tī	踢	蹴る	6	ウ
tǐyàn	体验	体験する	11	本・要
tiān	天	～日	10	本・要
tiē	贴	貼る	11	ウ、読
tīng	听	聴く	7	ウ
tīngshuō	听说	聞くところによると～だそうだ	11	本・要
tōngxùnlù	通讯录	友だちリスト	6	コ
túshūguǎn	图书馆	図書館	2	ウ、本・要
W				
wàiguó	外国	外国		発音
wǎn	碗	～杯（碗に入った物を数える）	8	本・要
wàn	万	万	4	コ
wǎnfàn	晚饭	夕食	5	ウ
Wànlǐ-Chángchéng	万里长城	万里の長城	10	読
wánr	玩儿	遊ぶ	2	コ
			4	本・要
wǎnshang	晚上	夜	5	本・要
wànshì rúyì	万事如意	万事が思いどおりでありますように。	12	コ
wǎngqiú	网球	テニス	6	ウ
wǎngshàng	网上	ネット上	9	本・要
wǎngzhàn	网站	ウェブサイト	9	本・要
wǎngzhǐ	网址	URL	9	読
Wēixìn	微信	WeChat	5	本・要
Wēixìn hào	微信号	WeChatのID	6	コ
wǒ	我	私	1	本・要
wǒmen	我们	私たち	1	本・要

索引

89

…yuè	…月	〜月	発音		zhèige/zhège	这个	これ	3	本・要
…yuè	…月	〜（カ）月	10	本・要	zhēn	真	本当に	4	本・要
yuèbǐng	月饼	月餅	8	ウ	zhèr	这儿	ここ	6	本・要
yuēhǎo	约好	約束した	6	読	Zhōngguó	中国	中国	1	本・要
Z					Zhōngguó cài	中国菜	中華料理	4	ウ
zázhì	杂志	雑誌	3	ウ	Zhōngguórén	中国人	中国人	1	ウ
zài	在	ある、いる	4	本・要	Zhōngqiū Jié	中秋节	中秋の名月	11	コ
zài	在	（場所）〜で	6	本・要	zhòngyào	重要	重要である	11	読
zài…(ne)	在…（呢）	〜している	9	本・要	zhōumò	周末	週末	5	本・要
zài	再	さらに、また	8	本・要	zhùcè	注册	登録する	9	本・要
Zàijiàn!	再见！	さようなら。	は		zhuōzi	桌子	机、テーブル	4	本・要
zǎofàn	早饭	朝食	5	ウ	zì	字	字	11	ウ、読
zěnme	怎么	どのように	5	本・要				12	本・要
zěnmeyàng	怎么样	どうだ	6	本・要	zòngzi	粽子	ちまき	8	ウ、本・要
zhāng	张	〜枚（切符、紙などを数える）	8	本・要	zúqiú	足球	サッカー	6	ウ
					zuì	最	最も	11	読
					zuò	坐	乗る、座る	5	本・要
zhàoxiàng	照相	写真を撮る	7	ウ	zuò	做	作る	6	ウ
zhè	这	これ、この	3	本・要	zuótiān	昨天	昨日	8	ウ
zhèi yì tiān	这一天	この日	10	読	zuòyè	作业	宿題	9	ウ

発音の基本　確認テスト

___曜日　___時限　氏名_____　　学籍番号_____　　点数_____

一. 音声を聞いて、声調記号を付けなさい。（2点×10＝20点）

102

1. ma		6. ma	
2. ma		7. ma	
3. ma		8. ma	
4. ma		9. ma	
5. ma		10. ma	

二. 音声を聞いて、発音されたほうに○を付けなさい。（2点×10＝20点）

103

1. bó	－ pó		6. gān	－ kān
2. bàng	－ pàng		7. jié	－ qié
3. dǎ	－ tǎ		8. zhōng	－ chōng
4. dōng	－ tōng		9. zǐ	－ cǐ
5. gù	－ kù		10. zài	－ cài

三. 音声を聞いて、発音されたほうに○を付けなさい。（2点×10＝20点）

104

1. jì	－ zhì		6. shā	－ xiā
2. qí	－ chí		7. jiàn	－ zhàn
3. xì	－ shì		8. qiū	－ chōu
4. zhā	－ jiā		9. xiǎo	－ shǎo
5. qiè	－ chè		10. rán	－ lán

四. 音声を聞いて、発音されたほうに○を付けなさい。（2点×10＝20点）

105

1. hán	－ háng		6. hén	－ héng
2. xiàn	－ xiàng		7. wèn	－ wèng
3. yǎn	－ yǎng		8. yīn	－ yīng
4. wán	－ wáng		9. jǐn	－ jǐng
5. yuàn	－ yùn		10. xún	－ xióng

五. 音声を聞いて、声調記号を付けなさい。（2点×10＝20点）

ling	yi	er	san	si	wu	liu	qi	ba	jiu	shi	
零/○	一	二	三	四	五	六	七	八	九	十	106

第1課　確認テスト

一．次の空欄を埋めなさい。（2点×10＝20点）

意味	ピンイン	簡体字	意味	ピンイン	簡体字
1.	duì	对	6. よい	hǎo	
2. 何、どんな	shénme		7.	jiào	叫
3. よろしくお願いします	qǐng duō guānzhào		8. ～ない、いいえ	bù	
4.	ma	吗	9.	shì	是
5. 二人称の敬語	nín		10. 名前	míngzi	

二．日本語の意味になるように、次の単語を正しい順に並べ替えなさい。（10点×3＝30点）

1. 中国人 ／ 你 ／ 吗 ／ 是　　　　　　　　（あなたは中国人ですか。）

　　---

2. 不 ／ 她 ／ 是 ／ 日本　　　　　　　　（彼女は日本人ではありません。）

　　---

3. 什么 ／ 他 ／ 名字 ／ 叫　　　　　　　　（彼の名前は何と言いますか。）

三．次の日本語文を中国語に訳しなさい。（10点×5＝50点）

1. 私は日本人学生です。

2. あなたたちは学生ですか。

3. 彼女の姓は李です。

4. 私は山本翔と申します。

5. お名前は何とおっしゃいますか。（丁寧なたずね方）

第 2 課　確認テスト

___曜日　___時限　氏名_____　学籍番号_____　点数_____

一．次の空欄を埋めなさい。（2点×10＝20点）

意味	ピンイン	簡体字	意味	ピンイン	簡体字
1. コーヒー	kāfēi		6. 緑茶	lǜchá	
2. 先生	lǎoshī		7. どこ	nǎr	
3. 餃子	jiǎozi		8. 食べる	chī	
4.	hé	和	9.	píngguǒ	苹果
5. 図書館	túshūguǎn		10. ～は？	ne	

二．日本語の意味になるように、次の単語を正しい順に並べ替えなさい。（10点×3＝30点）

1. 食堂 ／ 吗 ／ 你 ／ 去　　　　　　　（あなたは食堂に行きますか？）

   ----

2. 手机 ／ 你 ／ 什么 ／ 买　　　　　（あなたはどんなスマホを買いますか。）

   ----

3. 学生 ／ 吗 ／ 是 ／ 也 ／ 他　　　（彼も学生ですか。）

三．次の日本語文を中国語に訳しなさい。（10点×5＝50点）

1. 彼も学校に来ます。

2. あなたは何を飲みますか。

3. 彼女はどこに行きますか。

4. 私はラーメンを食べますが、あなたは？

5. 彼も先生ではありません。

第3課　確認テスト

____曜日　　____時限　氏名_____　　学籍番号_____　　点数_____

一．次の空欄を埋めなさい。　（2点×10＝20点）

意味	ピンイン	簡体字	意味	ピンイン	簡体字
1. だれ	shéi		6. 西遊記	Xīyóujì	
2. 読む、見る	kàn		7. （食べ物が）おいしい	hǎochī	
3. 本	shū		8. （飲み物が）おいしい	hǎohē	
4. の	de		9.	hěn	很
5.	hǎokàn	好看	10.	hǎo a	好啊

二．日本語の意味になるように、次の単語を正しい順に並べ替えなさい。　（10点×3＝30点）

1. 我 ／ 炒饭 ／ 吃 ／ 想　　　　　　　　（私はチャーハンが食べたい。）

　　--

2. 是 ／ 的 ／ 这 ／ 小说 ／ 老师　　（これは先生の小説です。）

　　--

3. 汉语 ／ 吗 ／ 她 ／ 学 ／ 想　　（彼女は中国語を学びたがっていますか。）

　　--

三．次の日本語文を中国語に訳しなさい。　（10点×5＝50点）

1. 『西遊記』はとてもおもしろいです。

2. 私はこれがほしいです。

3. あれはあなたの本ですか。

4. 食堂のラーメンはとてもおいしいです。

5. 私はコーヒーを飲みたいです。

第4課　確認テスト

___曜日　___時限　氏名_____　学籍番号_____　点数_____

一．次の空欄を埋めなさい。（2点×10＝20点）

意味	ピンイン	簡体字	意味	ピンイン	簡体字
1. 料理	cài		6.	shàngkè	上课
2.	huí	回	7. 本当に	zhēn	
3. 冬休み	hánjià		8. 実家、ふるさと	lǎojiā	
4. すごく	tài…le		9.	yìqǐ	一起
5. 東京	Dōngjīng		10. 机	zhuōzi	

二．日本語の意味になるように、次の単語を正しい順に並べ替えなさい。（10点×3＝30点）

1. 哪儿　/　你　/　在　/　家　　　　　（あなたの家はどこですか。）

    ----

2. 不　/　学校　/　老师　/　在　　　　（先生は学校にはいません。）

    ----

3. 她　/　书　/　图书馆　/　去　/　看　　（彼女は図書館へ本を読みに行きます。）

三．次の日本語文を中国語に訳しなさい。（10点×5＝50点）

1. あなたはどこへ遊びに行きますか。

2. あなたの家は北京ですか。

3. 四川のジャイアントパンダは非常に有名です。

4. 私たちはラーメンを食べに行きましょう。

5. 彼女は中国人でしょう。

第5課　確認テスト

___曜日　___時限　氏名_____　学籍番号_____　点数_____

一．次の空欄を埋めなさい。（2点×10＝20点）

意味	ピンイン	簡体字	意味	ピンイン	簡体字
1.　～曜日	xīngqī…		6.　夜	wǎnshang	
2.　毎日	měitiān		7.　それでは	nà	
3.	yí kè	一刻	8.	chūfā	出发
4.	xíng	行	9.　二時	liǎngdiǎn	
5.　現在	xiànzài		10.　アルバイトする	dǎgōng	

二．日本語の意味になるように、次の単語を正しい順に並べ替えなさい。　（10点×3＝30点）

1. 没有　/　我　/　周末　/　事儿　　　　　　　（私は週末、用事がありません。）

　　---

2. 有　/　吗　/　书　/　桌子上　　　　　　　　（机の上に本がありますか。）

　　---

3. 电车　/　回　/　她　/　坐　/　家　　　　　（彼女は電車で家に帰ります。）

三．次の日本語文を中国語に訳しなさい。　（10点×5＝50点）

1. 彼女は何時に来ますか。

2. 私たちは今日、四川料理を食べに行きましょう。

3. 今日は何月何日ですか。

4. あなたはどうやって学校に行きますか。

5. 私たちは WeChat を使って連絡しましょう。

第6課　確認テスト

___曜日　___時限　氏名_____　学籍番号_____　点数_____

一．次の空欄を埋めなさい。（2点×10＝20点）

意味	ピンイン	簡体字	意味	ピンイン	簡体字
1.	nàr	那儿	6. 入り口	ménkǒu	
2. 近く	fùjìn		7. 少し	yìdiǎnr	
3. 会う	jiànmiàn		8.	zhèr	这儿
4.	bújiàn-búsàn	不见不散	9. よい	búcuò	
5. 英語	Yīngyǔ		10.	dōu	都

二．日本語の意味になるように、次の単語を正しい順に並べ替えなさい。（10点×3＝30点）

1. 已经 / 了 / 现在 / 十二点 　　（今はもう12時になりました。）

----

2. 打工 / 在 / 她 / 餐厅 　　（彼女はレストランでアルバイトをします。）

----

3. 汉语 / 你 / 说 / 吗 / 会 　　（あなたは中国語を話せますか。）

三．次の日本語文を中国語に訳しなさい。（10点×5＝50点）

1. 私たちはみんな日本人です。

2. 私たちは駅で待ちましょう。

3. 彼女はWeChatを使えるようになりました。

4. 食堂の料理はどうですか。

5. 彼は英語を話すことができません。

第7課　確認テスト

___曜日　___時限　氏名_____　学籍番号_____　点数_____

一．次の空欄を埋めなさい。（2点×10＝20点）

意味	ピンイン	簡体字	意味	ピンイン	簡体字
1．メニュー	càidān		6．	yóu	游
2．	píjiǔ	啤酒	7．～本	píng	
3．ホイコーロー	huíguōròu		8．お腹がすく	è	
4．～皿	pán		9．	là	辣
5．	fúwùyuán	服务员	10．～できる	néng	

二．日本語の意味になるように、次の単語を正しい順に並べ替えなさい。（10点×3＝30点）

1．忙　／　我　／　有点儿　／　今天　　　　　　（私は今日ちょっと忙しいです。）

2．他　／　来　／　明天　／　吗　／　能　　　　（彼はあす来ることができますか。）

3．书　／　三　／　有　／　桌子上　／　本　　　（机には3冊の本があります。）

三．次の日本語文を中国語に訳しなさい。（10点×5＝50点）

1．彼女はアルバイトが好きではありません。

2．どうぞ料理をご注文ください。

3．まず緑茶を1杯ください。

4．あの2台のパソコンは先生のです。

5．私は遊びに行くことができません。

第8課　確認テスト

___曜日　___時限　氏名_____　　学籍番号_____　　点数_____

一．次の空欄を埋めなさい。（2点×10＝20点）

意味	ピンイン	簡体字	意味	ピンイン	簡体字
1.	gēn	跟	6.	gāoxìng	高兴
2.	bú tài	不太	7. あげる、くれる	gěi	
3. 端午の節句	Duānwǔ Jié		8. 同じである	yíyàng	
4. ～枚	zhāng		9. お父さん	bàba	
5.	piào	票	10.	cì	次

二．日本語の意味になるように、次の単語を正しい順に並べ替えなさい。（10点×3＝30点）

1. 没有 / 上 / 有 / 桌子 / 书 （机の上に本がありますか。）

　　--

2. 我 / 一台 / 了 / 电脑 / 买 （私はパソコンを1台買いました。）

　　--

3. 她 / 粽子 / 过 / 没有 / 吃 （彼女はちまきを食べたことがありません。）

　　--

三．次の日本語文を中国語に訳しなさい。（10点×5＝50点）

1. あなたは今日図書館に行きましたか。

2. 彼は四川に行ったことがあります。

3. 私はまだビールを飲んだことがありません。

4. 彼女は家に帰りませんでした。

5. あなたは緑茶を飲みますか。（「反復疑問文」の文型を用いること）

第9課　確認テスト

___曜日　___時限　氏名_____　学籍番号_____　点数_____

一．次の空欄を埋めなさい。（2点×10＝20点）

意味	ピンイン	簡体字	意味	ピンイン	簡体字
1. 安い	piányi		6. ～枚（服などを数える）	jiàn	
2. 番号	hàomǎ		7.	suì	岁
3.	wǎngzhàn	网站	8.	kuài	块
4. 店	shāngdiàn		9. （ほかと比べて）ずっと	…deduō	
5.	guì	贵	10. もの	dōngxi	

二．日本語の意味になるように、次の単語を正しい順に並べ替えなさい。（10点×3＝30点）

1. 在 ／ 她 ／ 什么 ／ 呢 ／ 干　　　（彼女は何をしていますか。）

   ----

2. 一岁 ／ 比 ／ 李华 ／ 大 ／ 山本　　（山本さんは李華さんより1歳年上です。）

   ----

3. 去 ／ 我 ／ 打工 ／ 要 ／ 明天　（私はあすアルバイトをしに行かなければいけません。）

三．次の日本語文を中国語に訳しなさい。（10点×5＝50点）

1. 彼女たちはご飯を食べています。

2. このサイトは登録しなくてもいいです。

3. この服はおいくらですか。

4. 彼は私ほど（背が）高くありません。

5. 私は電話をかけなければなりません。

109

第10課　確認テスト

一．次の空欄を埋めなさい。（2点×10＝20点）

意味	ピンイン	簡体字	意味	ピンイン	簡体字
1.　～週間	xīngqī		6.　～時間	xiǎoshí	
2.	fēnzhōng	分钟	7.　始める	kāishǐ	
3.　遠い	yuǎn		8.	cóng	从
4.　～まで	dào		9.　2か月	liǎng ge yuè	
5.　疲れる	lèi		10.	duōcháng	多长

二．日本語の意味になるように、次の単語を正しい順に並べ替えなさい。（10点×3＝30点）

1.　休息　/　一下　/　我们　/　吧　　　　　（私たちはちょっと休憩しましょう。）

2.　三年　/　我　/　学　/　英语　/　了　　　（私は英語を3年間勉強しました。）

3.　很　/　教室　/　近　/　食堂　/　离　　　（食堂は教室にとても近いです。）

三．次の日本語文を中国語に訳しなさい。（10点×5＝50点）

1.　あなたは長城に登ったことがありますか。

2.　あなたは何時から何時までアルバイトをしますか。

3.　彼女はテレビを1時間見ました。

4.　ちょっと待ってください。

5.　私はまだ富士山を登ったことがありません。

第11課　確認テスト

___曜日　___時限　氏名_____　学籍番号_____　点数_____

一．次の空欄を埋めなさい。（2点×10＝20点）

意味	ピンイン	簡体字	意味	ピンイン	簡体字
1.　～してもいい	kěyǐ		6.　雨が降る	xiàyǔ	
2.　飛行機	fēijī		7.　試す	shì	
3.	guònián	过年	8.　春節、旧正月	Chūnjié	
4.	rènao	热闹	9.　体験する	tǐyàn	
5.　上海	Shànghǎi		10.	háishi	还是

二．日本語の意味になるように、次の単語を正しい順に並べ替えなさい。（10点×3＝30点）

1.　坐　／　高铁　／　去　／　我　／　打算　　　　（私は高速鉄道で行くつもりです。）

2.　吗　／　你　／　明天　／　计划　／　有　　　　（あなたは明日予定がありますか。）

3.　北京　／　她　／　寒假　／　去　／　听说　　　（彼女は冬休みに北京へ行くそうです。）

三．次の日本語文を中国語に訳しなさい。（10点×5＝50点）

1.　先生はもうすぐ来ます。

2.　私はもうすぐ二十歳になります。

3.　話によると、あしたは雨が降るそうです。

4.　私たちはここに座ってもいいです。

5.　あなたは教室で電話をしてはいけません。

第12課　確認テスト

___曜日　___時限　氏名＿＿＿＿＿＿＿＿　学籍番号＿＿＿＿＿＿＿＿＿　点数＿＿＿＿

一．次の空欄を埋めなさい。（2点×10＝20点）

意味	ピンイン	簡体字	意味	ピンイン	簡体字
1. 速い	kuài		6.	pǎo	跑
2. 経つ	guò		7. 友達	péngyou	
3.	xiě	写	8.	màn	慢
4.	chàdeyuǎn	差得远	9. 手紙	xìn	
5. また会おう	hòuhuì-yǒuqī		10. 必ず、きっと	yídìng	

二．日本語の意味になるように、次の単語を正しい順に並べ替えなさい。（10点×3＝30点）

1. 你 ／ 来 ／ 欢迎 ／ 再 ／ 日本 （また日本にいらっしゃることを歓迎します。）

   ----

2. 汉语 ／ 得 ／ 很好 ／ 说 ／ 她 （彼女は中国語を話すのがとても上手です。）

   ----

3. 在 ／ 的 ／ 我 ／ 吃 ／ 是 ／ 家 （私は家で食べたのです。）

三．次の日本語文を中国語に訳しなさい。（10点×5＝50点）

1. 私は友だちにプレゼントを買いました。

2. 彼女は昨日北京に行ったのです。

3. 彼の英語は上達するのがとても速いです。

4. 私はまだ父に手紙を書いていません。

5. あなたは高速鉄道で上海に行ったのですか。

著者

王　振宇（WANG ZHENYU）
　　中央学院大学教授

李　小捷（LI XIAOJIE）
　　埼玉学園大学ほか　中国語講師

イラスト　柳葉コーポレーション
表紙・本文デザイン　メディアアート

音声吹込　李軼倫　劉セイラ

中国語への旅立ち—基礎からの出発—

| 検印省略 | © 2024 年 1 月 31 日　初 版 発 行 |

著　者　　　　　　　　　　　　　　　　王　振宇
　　　　　　　　　　　　　　　　　　　李　小捷

発行者　　　　　　　　　　小 川 洋 一 郎
発行所　　　　　　　　株式会社 朝 日 出 版 社
　　　　　〒 101-0065　東京都千代田区西神田 3－3－5
　　　　　　　　　　　電話 (03) 3239-0271·72 (直通)
　　　　　　　　　　　振替口座　東京　00140-2-46008
　　　　　　　　　　　http://www.asahipress.com/
　　　　　　　　　　　　　　　　倉敷印刷